乡贤文化丛书

乡贤文化丛书

勇担国难留英名

——『北碚之父』卢作孚

卫绍生 廉 朴 主编
闵世勇 著

中原出版传媒集团
中原传媒股份公司
大象出版社
·郑州·

图书在版编目(CIP)数据

勇担国难留英名：“北碚之父”卢作孚 / 闵世勇著. —
郑州：大象出版社，2022. 7（2025. 11 重印）
（乡贤文化丛书 / 卫绍生，廉朴主编. 第二辑）
ISBN 978-7-5711-0846-5

Ⅰ. ①勇… Ⅱ. ①闵… Ⅲ. ①卢作孚（1893-1952）
-生平事迹 Ⅳ. ①K825. 38

中国版本图书馆 CIP 数据核字(2020)第 240460 号

乡贤文化丛书
卫绍生 廉朴 主编
YONGDAN GUONAN LIU YINGMING
勇担国难留英名
——“北碚之父”卢作孚
闵世勇 著

出 版 人 汪林中
总 策 划 郑强胜
责任编辑 连 冠
责任校对 安德华
装帧设计 王莉娟

出版发行 大象出版社(郑州市郑东新区祥盛街 27 号 邮政编码 450016)
发行科 0371-63863551 总编室 0371-65597936
网 址 www.daxiang.cn
印 刷 辉县市伟业印务有限公司
经 销 各地新华书店经销
开 本 720 mm×1020 mm 1/16
印 张 10.5
字 数 130 千字
版 次 2022 年 7 月第 1 版 2025 年 11 月第 2 次印刷
定 价 30.00 元
若发现印、装质量问题,影响阅读,请与承印厂联系调换。
印厂地址 辉县市北环中段
邮政编码 453600 电话 13949630555

“乡贤”，这一古老的称呼已经淡出人们的视野很久了。

党的十八大以来，乡贤重新进入人们的视野，成为人们热议的话题。中共中央、国务院2015年颁布的《关于加大改革创新力度加快农业现代化建设的若干意见》中明确指出，要“创新乡贤文化，弘扬善行义举，以乡情乡愁为纽带吸引和凝聚各方人士支持家乡建设，传承乡村文明”。在中共中央、国务院的文件里提到乡贤和乡贤文化，这应该是首次，它表明作为中国优秀传统文化重要组成部分的乡贤文化，既是传承乡村文明的重要内容，也是新时期农村文化建设的重要内容。但是，由于乡贤和乡贤文化淡出人们视线已久，在这一概念重新被提出来的时候，许多人并不明白什么是乡贤，什么是乡贤文化，更不知道如何传承和弘扬乡贤文化。鉴于此，有必要对乡贤称谓、乡贤之说的起源、乡贤对中国乡村的作用与意义、乡贤文化包含哪些内容等，作简要回答。

何谓乡贤？按照通常的解释，乡贤是指那些道德品行高尚同时又对乡村建设有过贡献的人。这里包含两个层面的意思：一是道德品行高尚，二是对家乡建设作出过贡献。但如果仅仅是道德品行高尚，满足于个人修身齐家、独善己身、洁身自好，很少关心乡里乡亲，很少对乡梓作出过贡献，那么，这样的人只能称为乡隐，而不能称为乡贤。乡贤既应是道德为人敬仰、行为堪称模范的人，更应是为家乡作出过一定贡献的人。不论是教书育人、传承文化、制定乡约、调解邻里矛盾，还是乐善好施、修桥铺路、接济乡人，举凡一切有益于乡里乡亲的事情，他们总是满腔热情，乐做善为。对乡村建设的贡献，是乡贤的必备条件。如果对家乡父老没有什么贡献可言，何以成为乡贤？看一看汉魏六朝出现的一些记述各地乡贤的著作，如《汝南先贤传》《陈留耆旧传》《襄阳耆旧记》《鲁国先贤传》《楚国先贤传》等，其中记载的各地乡贤，不仅在道德、学问、修养、名望等方面为人称颂，成为时人敬仰的楷模，而且都是对家乡作出过贡献的人。他们能入各种乡贤传，绝非浪得虚名。

乡贤之说起源于何时？乡贤很早就存在于中国的乡村，但乡贤之说却是在东汉中后期才逐渐流行起来的。东汉中后期，随着一些世家大族的崛起，各个郡国都热衷于撰写乡贤传记，表彰那些曾经为当地经济、社会、文化发展作出过贡献的贤人雅士。东汉以后，世家大族成为维持中国乡村社会稳定的重要力量，涌现出许多被后人称为乡贤的人物，他们对当时的社会，乃至对中国历史文化都产生了重要影响。作为乡村精英的乡贤，在乡村治理、乡村教育等方面可补政府治理之不足，发挥了政府无法起到的重要作用。一些人看到了乡贤对社会发展的积极作用，把所属郡国那些有影响的人物事迹记录下来，于是出现了所谓的“郡书”。唐代史学家刘知幾在谈到这类著作时说：“郡书者，矜其乡贤，美其邦族，施于本国，颇得流行；置于他方，罕闻爱异。其有如常璩之详审，刘昞之该博，而能传诸不朽、见美来裔者，盖无几焉。”（刘知幾：《史通》卷十《内篇·杂述》）刘知幾是较早关注到乡贤类著作的史学家，他认为，乡贤类著作都是“矜其乡贤，美其邦族”，因而在当地比较流行，而到了其他地方，知道的人就很少了。在谈到东汉史书繁盛的原因时，刘知幾再次提到了乡贤：“降及东京，作者弥众。至如名邦大都，地富才良，高门甲族，代多髦俊。邑老乡贤，竞为别录。家牒宗谱，各成私传。于是笔削所采，闻见益多。此中兴之史，所以又广于《前汉》也。”（刘知幾：《史通》卷九《内篇·烦省》）刘知幾虽然没有对乡贤作出解释，但他把“邑老乡贤”与“高门甲族”相提并论，表明他已经把“邑老乡贤”与“高门甲族”放在同一个层级上，充分肯定了“邑老乡贤”的历史地位与作用。

乡贤对中国乡村有怎样的作用与意义呢？乡贤在乡村建设中的作用是多方面的。他们不仅热衷于乡村治理和乡村教育，而且乐善好施、造福乡里。乡贤一般都是受过良好教育的人，他们是乡里有知识、有影响的人物，经济实力往往要比一般村民好一些。他们有能力也有意愿造福桑梓，所以常常在乡村建设上主动作为，只要是力所能及，他们一般不会推辞。在乡村治理方面，乡贤往往身兼管理者、参与者、协调者等多重角色，必要的时候，他们也可以发挥上情下达或下情上传的作用，成为联系乡亲和政府的桥梁与纽带。在调解邻里冲突和乡人矛盾上，他们不会以势压人，而是以理服人，注重多方协调和沟通，注重平衡各方利益。所以，在乡村治理方面，乡贤是农耕文明时期中国乡村社会稳定的重要因素。

在乡村教育方面，乡贤的作用更是不可小觑。乡贤大多是饱读诗书之人，他们深知文化知识对于人们的生存、生活、成长和发展至关重要，所以他们非常重视教育，尤其重视启蒙教育和家庭教育。他们中的许多人自觉地担负起教育自家子弟和乡里子弟的重任，有不少人开私塾，并兼任私塾先生。虽然有的人也接受一些“束脩”，但总体来说，义务教书的情况较为常见。他们是乡村的“先生”，是传授文化知识的人，是教人向善的人。在善行义举方面，乡贤更是乐善好施的代名词。他们愿意帮助别人，勇于助困济人，乐于接济生活困难的乡亲。如东汉末年颍川郡著名乡贤陈寔，道德高尚，知书达理，处事公正，待人公平，为乡里所推重。乡里发生了纠纷，人们不去求官府，而是去找陈寔，请求他明断是非。只要是陈寔评的理、判的是非曲直，人们都欣然接受，没有什么怨言，以至于乡人都说：“宁为刑罚所加，不为陈君所短。”陈寔还乐善好施，遇上灾年的时候，乡亲们缺吃少穿，他就接济他们。大灾之年，陈寔的善举不仅挽救了那些一时糊涂的人，而且教化了乡党，纯洁了世风。当然，更多的乡贤是靠他们的智慧和财富造福乡里，为乡亲做好事，譬如常见的修桥铺路、接济穷困等助人为乐之事。在乡村治理结构尚不完备的中国传统社会，乡贤在文化教育、乡村治理、乡村建设等方面，都起到了政府所起不到的作用。他们是中国传统乡村超稳定结构的基石，也是推动乡村发展的动力。

对于乡贤，我们应该历史地来看，既要看到他们在乡村文化教育、乡村治理、乡村建设等方面的积极作用，也要看到他们对中国传统乡村超稳定结构的固化作用。乡村是农业社会的基础，也是各级政权的基础。但是，在中国传统社会，权力不下郡县，县级政权成为封建社会的基层政权，县令或县长通常都是七品官甚至是从七品官，县丞、县尉的级别就更低了。国家行政机构设置到县级，县以下是乡和里。乡和里的治理则借重民间力量，乡长和里长大多是由当地德高望重的长者或望族的族长担任，他们没有官位，不吃皇粮，不领俸禄，只是负责维持当地的秩序，帮助地方政府做一些诸如征收税赋、摊派徭役、管理户籍、教化民众之类的事情。但在乡村治理及文化教育等方面，乡长、里长则常常要借重乡贤的力量，因为乡贤有文化、有见识、有影响力，甚至还有财力。当乡贤与乡里管理者相向而行、勠力同心的时候，乡里就会稳定，乡村治理就比较顺畅。这个时候，乡贤的作用就得到了充分发挥。乡贤在某种意义上成了乡村治理的标杆，成为乡人敬仰和追慕的对象。但是，由于乡贤所受的教育不同，他们的理想、信念、追求也各有差异，因此，他们中的许多人不愿意与当权者同流合污，更看不惯权豪势要欺辱压榨百姓，往往是特立独行者和孤独求道者，但他们依然坚持用自己的方式服务乡里，造福百姓。如许劭主持汝南“月旦评”，大力奖掖和提携汝南才俊，评点天下名士，成为汉末继郭泰之后的清议领袖。他不应朝廷征辟，谢绝高官厚禄，以“局外人”的身份品评人物，客观公正，令人信服。又如吃尽文盲苦头的武训，穷且益坚，不坠青云之志，行乞办学，创办崇贤义塾，让那些读不起书的孩子进学堂读书，更让人肃然起敬。再如晚清职业慈善家余治，一生清贫，却四处呐喊，奔走于大江南北，劝人行善，宣传忠孝节义，成立各种慈善机构，移风易俗，救济孤贫，而且创立戏班，编写剧本，以戏曲劝善，被人誉为“江南大善人”。他们以各自的方式感染着世人，固化着中国乡村的超稳定结构，使中国乡村这个自秦汉以来政府行政权力鞭长莫及之地，成为乡绅乡贤的表演舞台。在当代作家陈忠实的长篇小说《白鹿原》中，从白嘉轩、鹿子霖和冷先生等人物身上，读者依稀看到了久违的乡贤形象，所以有评论者指出，《白鹿原》就是在寻找失去的乡贤。这样的评论虽然不无偏颇，却也道出了小说的文化追求。

乡贤是乡贤文化的创造者和实践者，从他们身上，人们可以看到传统乡贤文化在乡村建设、乡村治理、文化教育、乡土认同等方面发挥的重要作用。所以，从中国古代一直到近现代，许多乡村都建有乡贤祠，用以供奉和祭奠那些为乡村建设作出贡献的乡贤们，展示各地不同的乡贤文化。

乡贤文化是由乡贤及其乡人共同创造的，是中华优秀传统文化的重要组成部分。它作为一种文化形态，对中国古代的乡村治理，对家国文化的认同，对乡村社会的维系，对农业文明的传承，对宗族文化的延续，对乡村文明的弘扬，都具有重要的文化价值。在传承发展中华优秀传统文化的当下，创新乡贤文化，就应在进一步明确乡贤文化的历史文化价值与当代意义的前提下，深入发掘乡贤文化的内在价值和积极作用。具体来讲，就是要注重发掘乡贤文化对家国认同、乡村治理、乡村教育、乡村建设、乡村文明传承等方面的深层文化内涵，通过一个个乡贤人物，阐释乡贤文化的重要价值，梳理乡贤文化的积极意义，探索乡贤文化的传承创新路径。譬如家国认同，首先是基于对家族和家乡的认同。乡贤作为当地的贤者，不仅具有很强的凝聚力，而且还常常让乡党引以为豪，人们不论处于多么遥远的地方，只要说起共有的乡贤，就会立即引起强烈的共鸣，自然而然地拉近了人们之间的情感距离，从而形成对家族和家乡的认同。从这个意义上说，乡贤是家乡认同的标志性人物，也是促进家国认同的情感纽带。

乡贤文化对传承发展乡村文明，对当代乡村文化建设，对提升文化自觉、树立文化自信，对实现中华民族伟大复兴的中国梦，都具有积极意义。在大力弘扬传承发展中华优秀传统文化的当下，挖掘乡贤文化的丰富内涵，梳理乡贤文化的历史脉络，发掘乡贤文化的价值意义，进而创新乡贤文化，建设新乡贤文化，是传承发展中华优秀传统文化的内在要求，是提升文化自觉、树立文化自信的内在要求，也是实现中华民族伟大复兴的中国梦的内在要求。

为此，我们组织编纂了这套“乡贤文化丛书”，把自东汉以来的历代乡贤进行梳理，系统展示乡贤、乡贤文化的历史风貌和文化价值，以期让广大读者对优秀传统文化中的乡贤和乡贤文化有更多的了解，对乡贤文化的历史作用和当代价值有更多的认知，共同为创新乡贤文化、建设新乡贤文化作出应有的贡献。

本辑为“乡贤文化丛书”第二辑，我们精选了8位在中国历史上有一定影响的各地乡贤，他们不论在教书育人、修身齐家，还是在乡村治理、乡村建设、慈善赈济，甚或是民族工业等方面均作出了一定贡献，成为人们传颂的典范楷模。在本辑编写过程中，每位作者均对自己承担的人物有一定研究，但因作者较多，行文风格各异，难免会出现一些不尽如人意之处，不妥之处，尚祈读者批评。

卫绍生　廉　朴

2022年5月20日

目　录

引言

1938年10月23日，湖北宜昌——一个距离武汉300公里的江边小城处于一片混乱与恐慌之中：武汉刚刚失守，日军节节逼近，随时可能遭到敌机的轰炸。宜昌沿长江两岸堆满了待运的机器设备，由于撤走时十分仓促，不少机器设备来不及装箱，散落在地上，任凭日晒雨淋。宜昌城一下子挤进了3万多从全国各地撤下来准备入川的人员，他们中不少是教师、医生、工程师、商人和公务员，荟萃了中国各界的精英。仅有2平方公里的狭小城区哪里有这么多房屋，很多人只好露宿街头。所有的人都争先恐后地要求早日撤出宜昌，一时间各个轮船公司从大门到每一间办公室都挤满了吵闹的人群。管理机关责骂轮船公司，争运器材、争抢船票的人互相责骂，乱作一团。

就在这时，一位貌若五旬、须鬓斑白、短小瘦弱、身着公司制服的先生在众人的簇拥下来到各轮船公司。他对那些争先恐后、喋喋不休、互相责骂的各单位负责人有礼貌且很坚决地说："请大家回去，明天早上我将在12号码头和大家见面，宣布撤退安排！"人们安静了下来，慢慢回到住所。随后，他连夜召开专门技术人员会议，统一指挥，确定方案；并以交通部常务次长、国民政府运输联合办事处主任的身份负责任地宣告：以现有的运输能力，完全可以在40天内完成撤退任务。

第二天一早，他出现在12号码头，并信心十足地宣布了他的撤退计划。当听到他保证40天内完全撤离滞留在宜昌的全部人员及物资时，全场一片欢腾，不少人流下了激动的泪水。人们看到了希望，人心稳了，混乱的局面改变了。

他是何许人？人们为什么相信他？他真的能做到吗？如果他只是交通部常务次长、国民政府运输联合办事处主任的话，人们有理由不相信——不过是在混乱的宜昌又空降了一位大官，但他还有一个重要身份——民生公司总经理。他便是卢作孚。12年前，他在家乡合川——重庆江边的一个小县城——以一条70吨的小轮船“民生号”起步，创办了民生公司。12年间，他“化零为整”，整合了川江上的小轮船公司，在与外国轮船公司竞争中脱颖而出，已经成为长江上最大的民营航运集团，被人称为“中国船王”。

果然，在卢作孚的亲自指挥下，民生公司用他们创造的“三段航行法”，在40天内，将滞留在宜昌的3万余人和近10万吨战略物资全部运走。40天后，当日军踏进宜昌城时，这里已经几乎是一座空城，江边仅有一些残留的机器设备。而撤退到大后方的3万多各界人士成为各条战线上的有生力量，大量战略物资保存了中国工业的基础，为支援抗战胜利和后方建设做出了巨大的贡献。据日本防卫厅资料，日军对这一时期的军事动作非常懊悔，认为他们的军队在攻占武汉以后，没有及时攻占宜昌是一个重大失误。宜昌大撤退后来被卢作孚好友、乡村建设家晏阳初等人誉为“中国实业史上的敦刻尔克”，并被媒体广泛宣传为“东方敦刻尔克大撤退”。

卢作孚说过：“一个聪明的人最聪明的办法，也是最快乐的方法，就是凭自己的力量做出一桩事业来让人看，让人欣赏，让人享受，并让人学习，能一样的创造起来，这就是人生最得意的事。”这是他的志向，也是他一生的写照。其实，卢作孚一生做出的事业何止“一桩”，他还在成都创办通俗教育馆、在长江上创办民国最大的民营轮船公司、在北碚开始乡村现代化建设试验、保全民生公司轮船回归大陆……他的一生浓墨重彩，轰轰烈烈，充满传奇。毛主席曾经说过：“搞重工业的张之洞，搞化学工业的范旭东，搞交通运输的卢作孚和搞纺织工业的张謇，他们都是为发展我国民族工业有过贡献的人。”

“斯人已去犹忆影，海棠花开魂依旧。”嘉陵江畔的缙云山上，斯人永逝，但是卢作孚却在历史长河中树起一道丰碑，为后世提供了宝贵的精神财富。让我们拨开云雾，一起领略他的伟大精神吧。

卢作孚出生于1893年4月14日。这一年，距离腐朽的清王朝灭亡还有18年，一个古老的帝国苟延残喘，一批革命的力量正在诞生。时代注定了这是一个英雄辈出的年代，毛泽东、宋庆龄、萧楚女、熊式辉、白崇禧、朱家骅、孙越崎等名人也诞生于此年。有意思的是，与卢作孚一起并称为“民国乡建三杰”的梁漱溟、晏阳初也生于此年。

一、父祖都是苦出身

卢作孚出生于四川省合川县（今重庆市合川区）。合川古称赤水，又叫垫江，因为县城处于嘉陵江、涪江和长江汇合处，西魏恭帝三年（556）改称合州，晚清时隶属于四川省川东道。民国3年（1914）改称合川县。

合川是巴国文化发源地之一，历史文化深厚。唐代大诗人李商隐“君问归期未有期，巴山夜雨涨秋池”，所写的“巴山夜雨”即指该地。北宋理学家周敦颐曾在此讲学，县城内有始建于北宋嘉祐年间的“养心堂”。县属钓鱼城曾经是宋元之际有名的古战场，南宋抗金名将王坚、张钰守城30余年。驰骋欧亚大陆，所向披靡的蒙哥在指挥攻打钓鱼城战斗中身受重伤，不治身亡，因此钓鱼城被欧洲人称为“东方麦加城”“上帝折鞭处”。坚忍不拔、不屈不挠的斗争精神，深深地印在合川人心里。

合川县城位于三江汇合处，因此交通非常便利。凡是去成都以及川北一带的人，都由重庆乘船至此，再换肩舆到达潼南或岳池。正因为如此，合川实际上是川北的门户，南来北往的客商在此聚集，商业非常繁荣，有“小重庆”之称。

合川县卢姓原籍湖北麻城，元末明初迁徙到四川当时名为合州的合川县落户，主要在县境西部的肖家场、三庙场一带置地或租地务农。

卢作孚的祖父卢仲义，是肖家场（今重庆合川区肖家镇）的雇农。所谓雇农，就是没有土地或者土地很少的农民，他们要靠给地主做长工或者短工才能填饱肚子。卢仲义一生都过着穷困潦倒的日子，直到去世也没有为自己挣得一块安葬之地。他死后，家人向雇主苦苦哀求，那家人家才给了一小块牛滚凼地，勉强安葬了老人。

卢作孚的父亲卢茂林，从很小的时候就开始给地主家当放牛娃，哄地主家少爷读书。按理说，他也逃不掉继续当雇农的历史宿命。但是，卢茂林是一个倔强的人，他忍受不了地主家恶少无缘无故的欺凌、辱骂，一怒之下痛打了这个恶少。惹了事情，自然是不能在肖家场待了，他就逃离到了合川县城。

在合川县城，年幼的卢茂林流落街头，幸而遇到了一家裁缝店的老板收留他当学徒，总算有了口饭吃。旧时的学徒，除了跟师傅学习手艺，店里店外杂七杂八的事情都要干。从早忙到晚，也只能勉强糊口。这样的日子过了好几年，卢茂林变得成熟了。他想，不能总是过这样的日子呀！要寻找出路。

当时四川荣昌、隆昌间生产一种“细麻布”，这种麻布细薄洁白，主要是供夏天做长衫用的布料，又称“夏布”。它以荣昌、隆昌为主要生产中心，但是距离合川县城很远，之间没有公路，只有山间小路，商贩运货都是肩担背扛。

卢茂林认识了一位贩卖麻布的商人，便随他往返于四川合川与荣昌、隆昌间，加入了“棒棒军”。当挑夫晓行夜宿，风雨无阻，确实辛苦，但是收入比在裁缝店当学徒高多了。

卢茂林从小吃苦，有的是力气。天长日久，聪明的卢茂林学会了做麻布生意的窍门：如包装布匹的粗麻布运到商店里就成了废物，一般布商都不要，他就贱价购回，稍作洗涤和处理，再转给贫苦人家，获取微利；又如帮人挑麻布时，自己也捎带一点麻布，回来卖给亲朋和邻居，卖价比市价略低，既方便了邻居，自己也增加了收入。微薄的收入加上他自己省吃俭用，几年下来，也攒了一点积蓄。不能总是当挑夫吧！于是他开始了自买、自挑、自卖的麻布小贩生意。由于他忠厚老实，很讲信誉，慢慢赢得了合川人民的信任，人们都愿意买他的麻布，并称他为“卢麻布”。就这样，卢茂林终于在合川县站稳了脚跟，在县城北门外的杨柳街安了一个家。卢作孚就出生在这里。

关于卢作孚的母亲，我们现在只知道她姓李，其他情况如他的祖母一样，历史记载“情况不详”。旧时代的女性地位很低，“在家从夫，夫死从子”，裹着小脚，大门不出二门不迈，被禁锢于闺房之中、厨灶之间。妇女在父家家谱中没有名字，在夫家家谱中仅仅以姓氏代替。这大概也是卢作孚母亲“只知道姓李”的原因了。有记载说，李氏以童养媳身份嫁到卢家，因贤惠能干，端庄秀丽，有眼光，识大体，很受卢家老少和亲友邻里的敬重。卢作孚母亲晚年在北碚生活，1937年抗战全面爆发时突发脑溢血病逝，国民政府很多高层亲自前往吊唁。

卢作孚有兄妹六人，卢作孚排名第二，因为是“魁”字辈，所以取名“魁先”。后来，取字“作孚”，以字行，别名“卢思”。长兄卢魁铨，别名卢志林，曾在私塾读书，后转合川县立小学读了一年。他的中文学得很好，楷书也写得很好，后随父亲卢茂林一起贩卖麻布做生意。后结束小贩生意，在福音堂小学教国文。三弟卢魁甲，别名卢尔勤，曾跟随卢作孚在成都自学。他成年后入伍，在杨森麾下效力，曾担任过北碚峡防司令。四弟卢子英，1925年9月在卢作孚好友恽代英的介绍下，投考黄埔军校四期，不久参加东征，后追随卢作孚的事业，在北碚进行嘉陵江三峡乡村现代化建设，成为卢作孚工作中的得力助手。五弟卢魁杰。此外，还有一个姊妹卢魁秀。

卢作孚出生在这样一个家庭里，兄弟姐妹很多，这注定了他在童年便担负着相当重的家庭责任。

二、艰难的求学经历

卢作孚出生的时代，是一个社会黑暗、面临剧烈变革的时代。1840年鸦片战争以后，在列强的船坚炮利之下，腐败无能的清政府签订了一个又一个丧权辱国的条约。1890年英国强迫清政府开放重庆，“英商自宜昌至重庆往来运货，或雇佣华船，或自备华式之船，均听其便”。列强利益均沾，川江上悬挂外国旗帜的轮船日益增多。尤其是1895年甲午战败，中国面临的民族危机更加严重，启蒙思想家严复译著《天演论》，提出了“物竞天择，适者生存”的观点，产生了极其强大的思想冲击波，人们认识到，中华民族面临亡国灭种的危机。于是，维新派、革命派纷纷登场，清政府为了维护统治，开始推行新政，仿照西方列强改革学制、军制，鼓励民间企业发展。

卢作孚童年的读书生涯是在李家私塾和合川瑞山书院度过的。卢作孚能读书，该归功于父亲卢茂林。卢茂林小的时候是个放牛娃，家里穷没钱读书，大字不识几个，后来做麻布生意时不知道吃了多少亏，他深知“不读书，苦一世”的道理，在卢作孚7岁的时候，便将卢作孚和老大卢志林一起送到了离家不远的李家私塾。

私塾是私学的一种。清代地方官学不兴，私学发达，儿童和青少年受教育的场所，除招收贫寒学子的义学外，一般都在私塾里。私塾以经费来源区分，可以分为三类：一为富贵之家聘师在家教读子弟，称教馆或坐馆；二为地方（村）、宗族捐助钱财、学田，聘师设塾以教贫寒子弟，称村塾、族塾（宗塾）；三为塾师私人设馆收费教授生徒，称门馆、家塾、学馆、书屋。塾师多为落第秀才或老童生，年幼儿童先识“方块字”（书写在一寸多见方纸上的楷体字），识至千字左右后，教读《三字经》《百家姓》《千字文》。亦有直接教读“四书”的。教法大多为先教学生熟读背诵，然后在适当的时候由教师逐句讲解。除读书背诵外，有习字课，从教师扶手润字开始，再描红，再写映本，进而临帖。学童粗解字义后，则教以作对，为做诗做准备。“四书”读完后，读“五经”，兼读古文，并开始学习作八股文。李家私塾属于其中的第二类。

卢作孚天资聪颖，学习刻苦认真，进步迅速，不到两年就把《三字经》《百家姓》《千字文》等蒙学经典背得滚瓜烂熟，字也写得有模有样，开始临摹颜真卿、柳公权书法。看到两个儿子如此好学，卢茂林很高兴，又把他们送到了合川有名的瑞山书院读书。

瑞山书院原为义学，创立于清乾隆四十五年（1780），光绪二十三年（1897）改为瑞山书院，与合川另一著名书院濂溪书院并称。有学者认为瑞山书院是周敦颐所创，已经有七八百年历史，实际上是移花接木，把瑞山书院的前身当成了濂溪书院。实际上，濂溪书院为北宋著名理学家、合州知州周敦颐

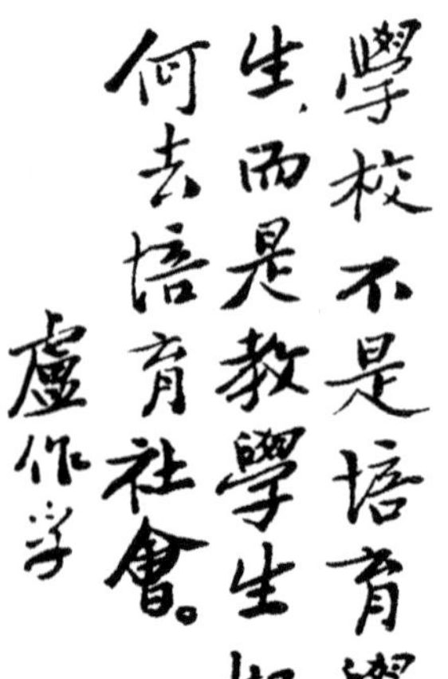

卢作孚手迹

所创，而瑞山书院则是清乾隆时期由僧尼庙观改建，二者并存。近代合州名人张森楷主纂的民国新修《合川县志》载："州人王履吉有句云：'凌霄阁上月轮高，寻乐亭前草似袍。两地书声相唱和，中间隔断涪江涛。'言两院之盛也。两院有学田，有学费，另见别篇。"[①]"两院"指的就是瑞山书院和濂溪书院。

瑞山书院虽然没有濂溪书院那样悠久的历史，但是也尊师重教，学风严谨。年幼的卢作孚知道学习的机会来之不易，更加刻苦努力。丁芦的白话纪事诗《饥饿与监狱——卢氏点滴》中这样描写卢作孚的这段学习经历："当你每天上学去，栅子门打开，第一个走进去的是你，更夫和你做了好朋友。你管理学校的伙食，叫采买口报账，你用心记账，报完算完，他不敢有一丝一毫的舞弊。"[②]

在瑞山书院，卢作孚耳濡目染，渐渐加深了对家乡先贤邹智、张森楷的认识，并树立了远大的志向。

邹智，字汝愚，号立斋，合州人。生于明宪宗成化二年（1466），卒于孝宗弘治四年（1491），年仅26岁。少年天才，12岁便能写作。他家贫无钱购买灯油，为了坚持读书，夜晚焚烧木叶，持续三年之久。明成化二十二年（1486），他乡试第一；第二年，中进士，改庶吉士。他曾上书明宪宗，建议亲贤良、疏宦官、罢冗官，正风清源。这些见解都切中时弊，但并未被采用。明孝宗即位后，邹智又上书直斥阁臣万安有恃无恐、刘吉附上罔下、尹直挟诈怀奸，请求重用王恕、彭韶等忠正刚直之臣。他又说君子不进，小人不退，皆因宦官权力过大。孝宗皇帝见到上书后，相

---

① 张森楷编纂：民国新修《合川县志》卷26《学务》，1922年。

② 丁芦：《饥饿与监狱——卢氏点滴》，《民生实业公司简讯》第1038期，1950年8月11日，第2版。

继罢斥了万安、尹直，而刘吉任职如故。刘吉对他恨之入骨，指使其党羽御史魏璋以诋毁时政等罪名将邹智逮捕下狱，欲置之死地。幸亏王恕等上奏营救得免，改贬谪远逐，任广东石城千户所吏目。

邹智至广东，听闻理学家陈宪章在新会讲学，于是前往请教，自此学业日益精深。邹智诗文多发于至性，不加修饰。撰有《立斋遗文》五卷，《四库总目》传于世。

卢作孚十分敬佩先哲乡贤邹智“读书燃木叶继晷”的精神，对于他不畏权贵“上书亟言时事之艰”的精神非常赞赏。而张森楷则是一位与他关系密切的后哲乡贤。

张森楷（1858—1927），合州人，字元翰，号式卿，晚年号端叟。清光绪二年（1876），张森楷因才华出众，为四川学政张之洞重视，特手谕遴选入州学，定为秀才，一年后又特选入成都尊经书院深造。他因好发疑古言论，被院方以“离经叛道”名义削籍除名，后转入锦江书院就读，弃经攻史。光绪十二年（1886），他结束书院学习，受聘为合州振东乡学主讲。光绪十八年（1892），他受川东道观察使黎庶昌礼聘，专门从事历史研究工作。次年，赴省城参加乡试，中举人。

光绪二十一年（1895），张森楷入尊经书院为襄校，着手编写《通史六鉴》，特意发出“求友引”觅人合作，但无人响应，遂改择“实业救国”的道路。光绪二十七年（1901），他在合州大河坝场（今合川县太和镇）创办四川省蚕桑公社，自任社长。次年，为蚕桑公社立案，申报成立四川民主实业中学堂。他亲自前往江浙延聘师资和技术人员，又东渡日本考察蚕桑事业的新技术和新成果，全力在合州境内推广良桑种植和新法养蚕缫丝技术，并以新知识教育学生。光绪三十四年（1908），他扩建缫丝厂，年产生丝200余担。当时，合州桑种蚕种遍布巴蜀，生丝行销海外，他被清廷授予“三等商勋”奖励。但合州知州却诬告他强夺了合州蚕桑事业，他“实业救国”的尝试失败了。宣统元年（1909），他任成都府中学堂历史教员，郭沫若曾是他的学生。

1911年，四川爆发了震惊全国的“保路运动”，张森楷不顾个人安危，全力营救被捕人士。辛亥革命后，他被选举为川汉铁路公司成都局总理。他上任后，大力改革，却因触及一些人的利益，以“亏挪路款，献款熊逆（革命党人熊克武）”的罪行，被四川省政府通缉。他被迫离开四川，只身去北京总检察厅讼冤。1915年，通缉令被撤销。1917年，合川县知事郑贤书礼聘他主持编修《合川县志》，历时5年余，完成了《合川县志》。1925年，成都大学成立，他受聘为国史教授。1927年，他辞教授职，携所著《史记新校注》手稿本北上，以天津罗振玉、北平傅增湘家藏书校之。1928年6月23日，他病逝于北平。

卢作孚就读瑞山书院之时，张森楷已经主持创办了四川省蚕桑公社，开启了实业救国的尝试，是川中“敢为天下先”的重要人物。张森楷当时在合川县立中学当国文老师，偶尔到瑞山书院高年级讲学，他发现卢作孚不仅天资聪颖，还勤奋好学，便很赏识，还额外给他辅导，卢作孚也因此从小就打下了很好的古文基础。后来卢作孚创办民生公司，在北碚开始嘉陵江三峡乡村建设试验，张森楷指导颇多。卢作孚一直很感激这位乡贤前辈。

长期担任民生实业公司董事长的卢作孚好友邓少琴曾回忆道：“吾友卢作孚先生，曾语余合川明代有乡贤邹智字汝愚者，年十二，能文，家贫，读书燃木叶继晷者三年，登成化（1467—1476）进士，上书亟言时事之艰，以谪废东南石城卒。合川张森楷，著《史记新校注》及《历代五百名人传述》，学问极为渊博，受其称誉指引，为之发奋图强，不落人后，爱物济人，实先后乡贤有以启之。”[①]可见两位乡贤对他影响之深。

---

① 邓少琴：《邓少琴西南民族史地论集》，巴蜀书社，2001年，第1064页。

卢作孚在瑞山学习期间，还发生了一件非常重要的事情，对他的一生影响深远。一次，他患了一场大病，母亲李氏用药不当，卢作孚喝下药后，竟然说不出话来。这种情况持续了两年，直到发生一个“偶然的意外”他才能说话。

关于这个“偶然的意外”，说法不一。一种说法是卢作孚外婆60岁生日那天，卢作孚在外婆家追赶老鹰，摔得满脸鲜血，意外说话了。一种说法是他在舅舅家看见了燕子，高兴地叫了出来：“燕子！燕子！”还有一种说法是一天卢作孚在野外烧纸被呛而突然能发出声音来。

三种说法不知哪个确切，但是两年“哑症”的逆境，锻炼了卢作孚超强的观察能力和思维能力，更激发了卢作孚奋发向上、改变自身困境的欲望。

1907年，卢作孚以优异的成绩从瑞山书院毕业，校长和老师都希望他继续升学，但是家里实在是太穷了，无法供他继续上学。校长和老师来到卢作孚家，对卢作孚的父亲卢茂林表示，愿意每个月赠送120个小钱，资助卢作孚上中学。但是生性倔强的卢茂林觉得不能白白接受别人的馈赠，便以家中太忙需要帮手为由，婉言谢绝了校长和老师的好意。

从此，卢作孚再也没有上过正规的学校，因而要说学历，他只是小学毕业。几十年后，中央大学校长罗家伦邀请他到学校演讲，他笑着说：“我怎么能在大学演讲，我仅仅是一个被人称为‘小学博士’的人！”

卢作孚能被人称为“小学博士”，源自于他奋发努力地自学和几十年如一日的坚持。1908年，在辍学一年之后，年仅15岁的卢作孚决心离开这个小县城，到大城市成都开阔眼界。在得到了亲友的少量资助后，卢作孚带着家里准备的干饼，步行到了成都，住进了免费的合川会馆。卢作孚自幼对数学就有着浓厚的兴趣，认为数学对训练思维非常关键。他后来总结说：“数学不仅是数目字的学问、量的学问，同时可以训练我们的思想，使紊乱的思想，变为有条理、有次序、有系统的思想。”在成都，他很快联系了一所学校补习数学，但是很快他就发现学校无法满足他的求知欲。两个月后，他便毅然退学，决心自学。在短短几个月里，他已经读完了所能见到的所有中文数学书籍。他看到图书馆里面还有英文数学书籍。怎么办？为了能弄懂这些，从未接触英语的卢作孚开始自学起英语来。

“世上无难事，只要肯登攀。”通过一段时间的自学，卢作孚逐渐能读懂英文原版的数学书了。他还在认真研读数学的基础上，编写了《代数》《三角》《解析几何》《应用数题新解》等教材，并以“卢思”之名在成都提学使署立案。其中《应用数题新解》在1914年由重庆中西书局出版，这是卢作孚正式出版的第一部著作。一个小学学历的人居然能写出中学数学教材，这简直是一个奇迹。

在这段时间，除了学习数学，卢作孚还如饥似渴地阅读了大量西方的政治、经济、文化、军事、教育、科学书籍，卢梭的《民约论》、达尔文的《进化论》、严复的《天演论》等西方启蒙思想和社会理论对他影响深远。他还对中国古代文学家，特别是韩愈的古文表现出了浓厚的兴趣。读书以外，卢作孚还通过招收了少量补习生和写文章向报馆投稿来补贴生活。

卢作孚刻苦自学，还有一个重要目的，他想报考官费出国留学生。为了了解自己的实力，他先后报考了四川优级师范、陆军测绘学院、军医学校等学校。陆军测绘学院招生43人，700多人报考，他有幸名列其中，但是他觉得这些学校能教授的东西有限，达不到自己的理想，仍是坚持自学。

1912年，卢作孚终于等到了一个很好的出国留学的机会，可是却失之交臂。当年，清华大学在成都设立考点，可以直接报考。当时招生分为甲、乙两个等级。甲等级入学后只需要半年英语强化就可以赴美留学，考试科目有中文、数学、英语和中外史地，考试成绩要求相当优秀，好处是只需要半年学费，而且可以快速赴美留学。乙等级则需要在清华大学读完四年课程，然后再赴美留学，好处是门槛较低，坏处是四年的学费相当高昂。对于家境贫寒的卢作孚来说，学费是一个天文数字，他便决定报考甲等级。成绩公布，卢作孚英语不及格，未获录取。

但从来不知道气馁的卢作孚没有放弃，当知道第二次招生将在北京进行时，他就决定去北京参加乙等级考试。他进一步了解到，如果第一年能拿到全优成绩，就能获得此后三年的全额奖学金，他对自己的能力和勤奋是有信心的。

当时从成都到北京，需要从重庆坐轮船到武汉，再乘火车从京汉铁路北上。卢作孚返回合川老家筹集到路费和第一年的学费。当他乘木船赶到重庆朝天门码头时，才得知去武汉的轮船已经起航了。那时从重庆到武汉的轮船一月才只有几班，误了这一趟，就赶不上考期了。就这样，卢作孚与清华大学失之交臂。

几十年后，卢作孚对此还记忆犹新，他对长子卢国维谈起过这次报考的启示：一是凡事要“决而即行”，不应迟疑和顾虑；二是求学不能一蹴而就，报考清华大学甲等级就是一个失误；三是交通不便确实给人民生活带来诸多不便。

这次错失良机，也未尝不是一件好事。正如有学者所说：“对于国家来说，可能因此少了一位科学家，但却多了一位实业家、教育家和思想家。”

三、步入“社会上奋斗”的历史

1940年6月，卢作孚在一段自述生平的材料中回忆道：“今年本人四十七岁，回想由十八岁起在社会上奋斗的历史，可以分为几段来说。”[①]这段话耐人寻味，但却是卢作孚第一次表明他18岁便开始“在社会上奋斗的历史”，这一年恰好是1911年，也是辛亥革命那一年。

辛亥革命推翻了腐朽的清王朝，开启了民主共和的时代，是近代史上一个划时代的事件。辛亥革命的导火索，是发端于四川的保路运动。

1911年5月，清政府宣布了干线铁路国有政策，将湖南、湖北、广东、四川省人民经过长期斗争从列强手中夺回商办的川汉、粤汉铁路收归国有，但不久却将铁路的修筑权出卖给英、法、德、美四国银行团。此举遭到了四省人民的强烈反对，其中四川最为激烈。成都成立了四川保路同志会，通电全国，痛斥清政府的卖国罪行，号召全省开展罢工、罢市抗议。9月7日，新任四川总督赵尔丰诱捕保路同志会正、副会长，开枪射杀请愿群众数百人，成为辛亥革命的导火索。在湖北的端方带兵赴成都增援，造成武汉兵力空虚，10月10日，武昌起义打响了辛亥革命的第一枪。全国各地纷纷响应，四川也积极响应，改旗易帜，拥护共和。在成都坚持自学的卢作孚也以满腔的热情投入到这场革命之中。

保路运动和辛亥革命发生之时，卢作孚正在成都坚持自学，读书中接触到孙中山的著作。孙中山的民有、民治、民享理想他心仪已久，民族、民权、民生的“三民主义”学说和主张他十分信服，从此他成为孙中山思想的忠实信徒。后来，他常常把自己的心得体会写成文章。我们从卢作孚的著作里看到，他后来的讲话中多次引用孙中山的思想来表明自己的主张，尤其是把自己创办的航运公司命名为“民生公司”，第一艘轮船命名为“民生”轮，以后陆续增加的轮船命名为“民族”“民权”“民主”“民贵”“民法”“民意”“民泰”“民众”等，从这些名字可以看出

---

① 《卢作孚文选》，第337页。

卢作孚对孙中山思想的推崇。

关于卢作孚在保路运动和辛亥革命中的具体表现，史料记载不多。据卢作孚胞弟卢尔勤、卢子英回忆，卢作孚曾加入中国同盟会。卢作孚的儿子卢国纪《我的父亲卢作孚》一书也采纳了这种观点，并被刘重来《卢作孚画传》一书采用，认为卢作孚1910年便加入了中国同盟会，并成为当时“最年轻的会员”。但是，卢作孚后来谈及辛亥革命的经历，从来没有说过他与中国同盟会的关系，也没有见到过其他任何资料的记载。卢作孚是否加入同盟会，还有待新史料的发现。

卢作孚一生跨越了革命救国、教育救国和实业救国三大领域，而18岁参加辛亥革命，正是他人生当中革命救国的开始。

“顺乎天理，应乎人情，适乎世界之潮流，合乎人群之需要，而为先知先觉者所决志行之，则断无不成者。”孙中山的这句名言，无疑是其一生的写照，亦是对辛亥革命的解读。辛亥革命推翻了腐朽的清王朝，建立了共和国，既是顺应历史潮流，更代表了普罗大众的利益，是成功的。但是最终从成果上看，辛亥革命是失败的，因为中国社会的性质和民众的生活状况未能得到彻底改变，革命的果实为代表西方列强利益的军阀、官僚、政客所攫取，民国名不副实。革命才过没有两年，就有无数革命者惨遭杀害，军阀混战，刀兵四起，民不聊生。正如孙中山痛心疾首之言：“夫去一满洲之专制，转生出来无数强盗之专制，其为毒之烈，较前尤甚。”

四川尤甚。1913年川军第五师师长熊克武响应孙中山“二次革命”号召，在重庆宣誓讨袁，很快被四川督军胡景伊镇压。胡景伊在成都大肆搜捕和杀害革命党人，十分凶险，卢作孚托人把胞弟卢尔勤送回合川。后来形势日益险恶，在好友的劝说下，卢作孚决定徒步返回合川。行至大足县一家客栈时，突然遇见全副武装的士兵闯进，不由分说，将卢作孚抓了起来，押到县城牢房关起来。幸而他沉着应对，又得到一位地方绅士的保释，才免于杀身之祸。

获释后，卢作孚决定不回合川，转到重庆。在重庆，卢作孚开了间小店铺，以制卖合川特产桃片为临时的谋生手段，后来经人介绍到四川江安中学做数学教员。

这段时间，是卢作孚一生较为苦恼和迷茫的阶段，他十分困惑：为什么革命轰轰烈烈，推翻了旧王朝，建立了共和国，却外侮日逼、军阀混战、民不聊生？革命的出路在哪里？自己的路应该怎么走？严酷的现实面前，有人满腹牢骚、借酒浇愁，有人看破红尘、遁入空门，有人纸醉金迷、意志消沉。这样能摆脱苦难、走向富强吗？他开始认真思考人生、寻找出路。

1914年，为了扩大视野，寻找救国救民的道路，卢作孚第一次离开四川，乘船到达上海。在上海，他认识了黄炎培、黄警顽等人，并与他们结为一生的好友。黄警顽出生于1894年，14岁参加商务印书馆第一届学徒考试，和黄一起应试的人员中，还有廖陈云（陈云）等人。黄被录用，后来调到发行所专做服务工作，有“交际博士”之称。他自称：“我在店里从1913年一直奔走到1946年，前后33年，变成一张会说话的活动柜堂，一本没有字的人名大字典，一具商务印书馆的活广告。”

黄炎培比卢作孚大15岁，在认识卢作孚之前，他出任过江苏教育司司长，又担任了教育部“课程标准起草委员会”委员，已经是教育界的名人。黄炎培很赏识这个衣着寒酸，但目光坚定、求知上进的年轻人。两人一见如故，并结为终身的挚友。据卢作孚四弟卢子英回忆，黄炎培曾介绍卢作孚到商务印书馆当编辑，但是卢作孚认为自己远道而来不是为了谋一个职业，因而婉谢，但是通过黄炎培的介绍，他参观了一些学校和民众教育设施，扩大了视野。慢慢地，卢作孚心中有了清晰的救国思想：救国必须唤醒民众，要唤醒民众，必须广开教育之路，让普罗大众都能接受教育。一个教育救国的理想，在年轻的卢作孚心中渐渐成型了。

理想和现实之间，毕竟还有着巨大的鸿沟。1914年到1915年间的卢作孚，还是一个空有理想的人，他需要一方舞台展示自己。在认真思考以后，他决心回到家乡，开展教育救国的尝试。1915年秋，经过与合川中学校长联系，卢作孚被聘为该校数学教员，卢作孚决定从上海返回四川。但是因为路费不足，乘船到达湖北宜昌以后，卢作孚只好步行返回重庆。到达合川时，已经是1915年初冬，教员已经另聘他人。无奈之下，1916年年初，卢作孚又经人介绍，在合川县福音堂小学谋得了一份工作，教算数课程。一年后，卢作孚在合川中学也有一段教学的经历，那是《四川群报》被查封以后的一段时间。

在合川当教员期间，发生了几件大事，对卢作孚一生影响深远。

第一件是一桩“通匪”冤案，卢作孚因此锒铛入狱。

卢作孚的哥哥卢志林也在福音堂小学教书，同时是成都一份进步期刊《四川群报》的合川特约通讯员，不时为该报写稿。1916年3月，卢志林投稿《四川群报》报道了年初发生在合川县的一桩命案，内容涉及一名田姓县长，抨击他收受贿赂、包庇罪犯的丑行。这位县长怀恨在心，伺机对卢家兄弟打击报复。没多久，卢家兄弟就以“通匪”的罪名被打入大牢。“通匪”？“匪”从何来？卢家兄弟一头雾水。真是欲加之罪，何患无辞！卢作孚满怀激愤，在狱中拿起笔写了一封《告全县各界人士书》，揭露事实真相，申诉自己的冤情。卢作孚犀利的文笔，酣畅淋漓，一时间传遍合川大街小巷，引起广泛同情。合川乡贤名流，见到合川有这样优秀的人才，却蒙受不白之冤，哪能坐视不管，纷纷联名作保。两个月后，卢作孚兄弟先后获释。

经此一劫，卢作孚声名大震，成了合川名人。

第二件是担任《四川群报》记者兼编辑。

卢作孚出狱后，应《四川群报》主笔李劼人邀请来到成都，担任《四川群报》记者兼编辑。李劼人出生于成都，比卢作孚大两岁。他非常欣赏卢作孚的才华，并结为挚友。后来，李劼人赴法留学时，将自己创办的《川报》委托给卢作孚管理。卢作孚创办民生机器厂的时候，聘请李劼人担任厂长。

卢作孚身世坎坷，有着强烈的爱国心、正义感和敏锐的政治头脑，加上他挥洒自如的文笔，很快就在成都报界崭露头角。这时，卢作孚还怀揣“教育救国”之理想，因此更加重视教育问题，发表了不少关于教育的文章。如他在《四川群报》上发表了《各省教育厅之设立》，对于时任教育总长范静生拟将各省教育厅直辖中央提出质疑，认为“教育必须有独立之精神”，而“教育人才之独立”为教育独立问题之关键所在。他还对当时的政治腐败和社会恶习深刻揭露，深受读者欢迎。但也预示着该报将不可避免地被当局查封的命运，果然不久，《四川群报》被查封。

第三件是深入认识并结交了周善培、张森楷、郑东琴等川中社会名流。

周善培（1875—1958），原籍浙江诸暨县，随父宦游来川，遂定居。1899年，他东渡日本，回国后在成都创办私立东文学堂。锡良任四川总督时，他任警察局总办。他设巡警教练所，仿效外国在城市设警察，维持治安，成效显著。1908年，任四川省劝业道总办，大力资助民族工商业的发展，多次举办展销商品的工商赛会、商业劝工会，还在成都设立能容纳300余家商户的劝业场，这些措施推动了四川近代工商业的发展。周善培还是航运业的前辈，早在1908年任职四川省劝业道的时候，就创办了官商合办的川江轮船公司，也是川江第一家华资轮船公司，他对卢作孚非常赏识。据卢作孚的好友梁漱溟晚年回忆道：“大约民国七八年间，我去拜访住在天津的周孝怀（善培）老先生，就首次听他谈起作孚先生。……周老先生在向我谈起作孚先生时，对其人品称赞备至。在六七十年后的今天，周老先生谈起他时的情景我至今依然记得。周老先生拇指一翘说道：‘论人品，可以算这个！’由此可见周老对作孚先生卓越不群的品德之称道。”张森楷曾经是卢作孚的小学教师，此时正在主修《合川县志》。卢作孚恰巧在合川中学任教，便被邀请参加县志编纂工作。该志1922年刊印，是四川地区民国著名地方志之一，其编写人员中有关卢作孚的介绍为：下川南道教育科长，卢思，作孚，合川，县志分纂员。郑东琴（1882—1965），重庆永川人，曾公费留学日本，在日本参加同盟会。回国后曾任合川、涪陵、岳池、广安、南充、巴县等县知事。郑东琴是民生轮船公司创办人之一，曾长期担任民生公司的董事长。

在民国复杂的社会背景下，年轻的卢作孚已能得到周善培、张森楷、郑东琴等乡贤前辈等注意和赏识。

四、少年中国学会会员

在家乡当教员虽然很轻松，但是和卢作孚改造社会的理想还是有一定的差距，年轻的卢作孚想扩大视野，干一番事业。1919年年初，郑东琴担任重庆警察厅厅长，邀请卢作孚担任统计员，但是卢作孚觉得这项工作与自己的志趣不合，数月后离职。这时，他得到了老朋友李劼人的邀请。李劼人在《四川群报》查封以后，又在成都创办了《川报》，邀请卢作孚担任主笔、记者和编辑，卢作孚欣然应邀。

1919年5月4日，北京爆发了反帝爱国的五四运动，成都各校学生积极响应声援北京学生运动。卢作孚也脱下长袍，穿上麻衫和进步学生走上街头，热情洋溢地参加了示威游行。反压迫、反封建思想深深地影响着卢作孚，卢作孚以《川报》为阵地，及时报道学生动态，揭发帝国主义和卖国分子的罪行。这些文章在广大市民和学生中引起强烈反响。

1919年秋，李劼人赴法勤工俭学，他郑重地将《川报》委托给卢作孚，请卢作孚担任社长。从此《川报》广泛报道新思想、新文化和新道德等，关心政治动向和社会民生，成为宣传新文化运动的一块阵地。

1920年，在少年中国学会会员陈愚生的介绍下，卢作孚加入了当时在全国青年中极具感召力的进步社团——少年中国学会。少年中国学会创立于1919年7月1日，是李大钊等人创立的。学会以“本科学的精神，为社会的运动，以创造‘少年中国’”为宗旨，以“奋斗、实践、坚忍、俭朴”为信条，包含了反封建保守、崇尚科学进步、重视探索创新、严格自律自重、改造建设中国等内容，吸引了一批富有雄心、才华横溢、个性鲜明的青年。

少年中国学会前后只存在了7年，会员据说也只有100多名，但是网罗了当时的青年精英，如毛泽东、李大钊、邓中夏、张闻天、恽代英、萧楚女、王光祈、卢作孚、曾琦、赵世炎、许德珩、宗白华、张申府、左舜生、周晓和、黄日葵、李劼人、杨贤江、高君宇、李璜、王德熙、沈泽民、刘仁静、朱自清、杨钟建、穆济波、康伯情、舒新城、吴俊生、余家菊、陈启天、方东美等。这些人，日后都成为中国政治、经济、文化、军事、科学、艺术等领域的引领者。20世纪40年代，曾有人发出感叹：“现在的中国，已经是少年中国学会的天下。”

尽管少年中国学会成员各抱主义不一，有的甚至互相违异，卢作孚却一直认为教育、实业为建造少年中国之良好手段，并为实现其理想而奋斗一生。

1925年，在“少年中国学会改组委员会调查表”中，卢作孚在“对于目前内忧外患交迫的中国究抱何种主义”一栏中这样写道：彻底改革教育，以“青年的行为”为教育中心；以教育方法训练民众，为种种组织、种种经营，以改革政治，绝不利用已成之一部分势力推倒其他一部分势力，但谋所以全融化之或全消灭之；以政治手腕逐渐限制资本之赢利及产业之继承，并提高工作之待遇，减少其时间，增加工作之人，知道凡人皆必工作而后已。

这张表的填写时间是1925年10月25日。就在填表前不久的这个月的11日，民生公司正式宣告成立。卢作孚为民生公司确定的宗旨是“服务社会，便利人群，开发产业，富强国家”，与少年中国学会“奋斗、实践、坚忍、俭朴”信条何其相似。卢作孚经过十余年的拼搏、奋斗、探索思考，终于以民生公司作为实现理想目标的基地。

一、川南教育实验

1921年，应川军第二军第九师师长兼永宁道尹杨森的邀请，卢作孚到泸州任永宁道尹公署教育科科长，开始了轰轰烈烈的“新川南、新教育、新风尚”的文化活动和教育改革试验。

杨森，1884年生于四川广安，在四川陆军速成学堂读书时加入同盟会，深受孙中山革命救国思想影响。后来加入滇军，从排长、连长、营长一直升到团长。1920年他脱离滇军，投奔川军刘湘（后为川军总司令兼四川省长），升任师长，并出任永宁道尹，成为地方军政长官。雄心勃勃的杨森一到任，就在泸州提出了“建设新川南”的口号。

杨森对卢作孚慕名已久，卢作孚在成都新闻界敢做敢为的行事风格，给他留下了很深的印象。杨森后来回忆他们初次见面的情景，很富有戏剧性。杨森问：“你是哪个学校毕业的？”卢作孚坦然答道：“我没有进过大学。”杨森大为诧异，问道：“那么你怎么教得了中学的数学？”卢作孚回答说：“我曾经在成都的一个补习学校读过几天。”杨森在惊异之余，更加惺惺相惜，不久，即以卢作孚“为人谙练有识，劲气内敛”为由聘任为永宁道尹公署教育科科长。

直至十多年后，卢作孚仍不能忘这一任命对他的一生所产生的影响。卢作孚回忆道：

在 1920 年以前，我还是一个只说不做的人；如做教师，只能在讲堂上说，而且是照着教科书向着学生说；当新闻记者，还是说，而且只能在报纸上去说。第一次给我做的机会，还是杨军长（指杨森），是在泸县任教育科长那时候，才用力在教育上学做试验。

如果从1915年秋开始确立“教育救国”思想开始算起，已经经历了6个年头，“教育救国”的理念、方法、路径在卢作孚心中日益成熟。尤其是经历过新文化运动和五四运动的洗礼，卢作孚在推进教育实践活动上更加雷厉风行，其力度和广度是惊人的。

卢作孚从民众教育入手，启发民智。他之所以从启发民智入手，是因为他对当时社会教育与思想认识状况的深刻理解。虽然推翻帝制，走向共和了，也开始了轰轰烈烈的新文化运动，但是这些革命只是造就了一个精英的群体，普通的民众仍然深陷于旧的制度，受旧的观念禁锢，不少反动势力趁机愚弄民众。卢作孚认为，只有造就一个崇尚民主、服膺科学、渴望进步的民众群体，中国才可能彻底与封建专制告别。于是，他创办图书馆、阅览室，开展读书活动；举行各种时事辩论会，传播新思想；倡导移风易俗，鼓励男人剪辫子，妇女放小脚、留短发；宣传卫生知识，普种牛痘。他还举办了大规模的民众运动会。

运动会吸引了1000多人参加，卢作孚趁此机会在运动场内外设置“剪发棚”“防疫站”等，进行了反对封建意识、提倡社会新风尚的宣传。场内进行激烈的竞技比赛，场外进行热火朝天的宣传。特别是开幕式那天，当杨森夫人第一个剪成新式短发，笑盈盈地登台亮相时，全场观众大声喝彩，轰动一时。而卢作孚的夫人蒙淑仪则和其他的女教师、女学生一起，担任义务宣传员，向观众宣传男女可以同校读书，也可以同体育场锻炼，破除封建陋习。

卢作孚以川南师范学校为试点，大刀阔斧进行教育改革实验。川南师范学校是永宁道25县的最高学府，在川南教育中地位举足轻重。卢作孚为了争取川南师范学校的支持，首先召集了全校教师开会，提出了自己的“教育理想”。具体为：第一，打破教科书，即不用课本，最多只能选择其中部分适当的内容当作学校的教材，其余的从学生学习环境中选出来。第二，打开校门，使学生日常能与自然和社会接触，不但要让学生到自然界或社会里去，并且要让社会的或自然的教材到学校里来。

卢作孚的教育理想，是要把活的知识，包括自学能力，传授给学生，而不是让学生死记硬背书本知识，学成书呆子。他主张“教育的意义，是在教人学习，教人从实际生活中去学习”，他对“有的人们竟然被学校教死了”痛心不已，认为“教育要从小学起，如把一张白纸的儿童，一直教好下去，不要教成死人，甚至教成坏人”。

随着教育改革的推进，卢作孚深感新式人才的不足。于是在杨森的支持下，他专程到重庆，向介绍他加入少年中国学会的陈愚生求助。陈愚生时任川东道尹公署秘书长和富川银行经理，他向卢作孚推荐少年中国学会会员、时任川东道尹公署教育科科长的王德熙出任川南师范学校校长。在王德熙的推荐下，又引进了少年中国学会会员、在安徽宣城师范学校任教的恽代英出任川南师范学校的教务主任。他们的到来，使卢作孚如虎添翼。后来又陆续引进了穆济波、周晓和、胡兰畦、秦德君、朱昌文等一批新派人物，替换了那些维护旧教育、旧思想的保守人物，川南教育界面貌焕然一新。

恽代英，祖籍江苏武进，1895年生于湖北武昌，曾在武汉中华大学哲学系学习，是武汉地区五四运动的领导者，也是中国共产党早期青年运动领袖之一。恽代英曾有志于从事教育改革，但志同道合者不多，愿望难以实现。他到达泸州以后，看到川南师范学校校舍虽然凋敝，但是校风颇具朝气，精神不由得为之一振。他在给朋友杨效春（后为著名的平民教育家）的信中写道："到此校后的感想，德熙勤朴真诚，出我意外。校内气象颇好。"还特别提到"科长卢思，人更可注意，真可谓济济多贤"。一时间，"新川南、新教育、新风尚"变成了泸州乃至整个川南的响亮口号，也传遍了整个四川。

教育改革取得很大的成绩，但是，危机不敢小视。卢作孚曾敦促永宁道下属各县教育局局长、中学校长出省考察教育。考察团回来之后，分化为两派：一派骂"川南教育太新"，一派骂"川南教育太旧"。卢作孚好友恽代英觉察到了这种危机，他在给友人钟健的信中说："此军长杨森，教育科科长卢思，再加上校长王德熙，都可谓好勇过我。只要他们是不倒翁，此间事本可有望。"不难看出，川南教育改革成败并不取决于它好不好，实际上只系于杨森一人。在民国军阀混战的政局下，哪里有"不倒翁"。1922年7月，杨森在与川军第一军熊克武部的混战中落败，放弃泸州，逃到湖北宜昌投靠吴佩孚去了。

川军第一军占领泸州以后，所部旅长张英接任川南道尹。张英发布公告，称川南"河山锦绣，已成遍地荆榛；齐鲁诗书，突变下流社会"，下令严禁男女同校，严禁女子剪发，严禁师生演戏，查禁进步报刊，还明令免去卢作孚的道尹公署教育科科长职务，免去恽代英川南师范学校代理校长职务。

卢作孚倾注了大量心血的川南教育试验，瞬间烟消云散。对此，卢作孚伤心不已，但也无能为力。1922年8月，他带着妻子蒙淑仪、长子卢国维和长女卢国懿来到重庆，租住在较场口大观坪的一处民居，准备再做打算。

二、创办成都通俗教育馆

1924年，杨森在吴佩孚的支持下进军成都，被北京政府委任为四川军务督理。因为当时的省长邓锡侯在重庆，所以杨森代理省长职务，兼摄民政。军政大权在手的杨森踌躇满志，准备大干一番，特电邀卢作孚前来成都相助。

杨森有意请卢作孚任四川省教育厅厅长，负责全省的教育工作。但卢作孚对官位利禄毫无兴趣，也觉得在四川未统一之前，在全省推行教育改革，完全是徒劳，因此婉言谢绝了。但是这时仍抱着“教育救国”理想的卢作孚，不想放弃这个机会，于是向杨森建议在成都创办一个通俗教育馆，以推进民众教育，移风易俗。杨森深知卢作孚之为人，立即同意，并在房屋和经费上给予大力支持。

民国初年，各省、市、县都设有社会教育机构“通俗教育馆”，相当于今天的文化馆，但是成都堂堂一省会，直到1924年仍然没有相应机构。杨森力排众议，批准将省办的商品陈列馆所有房屋、地面及陈列品划归市有，给予卢作孚创办通俗教育馆以强有力的支持。

通俗教育馆馆址在成都少城公园（今成都人民公园）内，当时经历多年战乱，已经破败不堪，荒草丛生，残垣断壁，仅有一座“辛亥秋保路运动死事纪念碑”孤零零地矗立着。卢作孚到任后，立即发动工作人员，以惊人的速度清理一新，还重新规划，栽种了楠木，修筑了假山，开辟了溪流。很快，新建的通俗教育馆落成了，包含博物馆、图书馆、公共运动场、音乐演奏室、游艺场、动物园六个部分。通俗教育馆以十分生动活泼的形式，传播新思想、新文化、新道德，成为当时中国开展民众教育运动最好的通俗教育馆之一。十年后，卢作孚回忆起当时的情景仍然非常清晰：

博物馆里常常开古物展览会、中国画展览会、革命史展览会……运动场常常开运动会，球类比赛、脚踏车比赛、团体操表演；音乐演奏室常常开中西乐演奏会；游艺场常常演新剧、川剧、京剧、幻术；常常为卫生运动、教育运动而公开地放电影；花园里每年必开菊花会。这样一来，不仅将成都游览的人才集中了，尤其将成都各方面的人才集中了……这是一个集团生活的试验，亦是一个集团生活的运动。

可以说，成都通俗教育馆的社会改革试验取得了巨大的成功，让卢作孚看到他的新理想具有可操作性，更加坚定了他的信念："做事莫嫌小，愈小愈做得好。"他也以之自豪，把它作为自己建立新的集团生活的三个社会改革试验之一（另外两个分别是创办民生实业公司和嘉陵江三峡乡村现代化试验）。

然而，正当卢作孚事业如日中天之时，历史的闹剧再次重演。1925年4月，杨森发动"统一四川"的战争，与昔日顶头上司刘湘兵戎相见。不料，他手下得力干将、老同学王缵绪临阵倒戈。得知老同学背叛，杨森悲痛至极，哀叹：王治易（王缵绪别号）都叛变了，我还打什么？不打了，不打了！率部狂奔夔门而出。

反水的王缵绪对卢作孚并不信任，对通俗教育馆的工作百般刁难。卢作孚有川南师范学校的教训，自觉再逗留无益，遂递交了辞呈，离开了成都。

一、战乱中的思索

1921年到1925年的几年间，卢作孚一直在为“教育救国”唤醒民众而奔走于川南、成都、重庆之间，川南教育改革和成都通俗教育馆都取得了巨大成功，但是连连昙花一现，每次都让卢作孚苦闷不已。

1923年蛰居重庆的几个月，是卢作孚的短暂苦闷期。泸州的教育改革昙花一现，他不禁怀疑：在地方实力派军人的支持下开展新文化运动、从事社会改革，有多少成功的把握？

虽然苦闷，但卢作孚从不消沉。他与朋友们来往密切，积极寻找新的出路。这时，川南师范学校的进步教师除了王德熙在富顺县任职外，大部分都已经来到重庆。恽代英在上海买好了图书和教学仪器后，与他的好友萧楚女一道返回重庆，见到了卢作孚，这是卢作孚与萧楚女的初次相见。相别一月，川南已经成为另外一个世界。恽代英经过认真考虑，决定把图书和教学设备送回学校，完成使命。萧楚女则留在重庆。

萧楚女，1893年生于湖北汉阳，曾参加武昌起义，后来成为中共早期青年运动和农民运动的领袖之一。1926年国共第一次合作时，他前往广州任国民党中央宣传部干事，是时任国民党中央代理宣传部部长毛泽东的得力助手。

在重庆期间，萧楚女与卢作孚交往密切，经常在卢作孚家促膝长谈。他们所谈，无一不是应该如何唤醒民众、拯救国家。卢作孚经过苦苦思索，觉得依附他人办教育、唤醒民众，终究为无本之木，只有自己动手创办实业，才可以有一个可靠的基础。以实业为依托，开展人才训练，才可能创造一片新天地。川内暂无这方面的成功经验，而江浙为全国风气之先，应该前去考察学习。

于是，在好友郑璧成的陪同下，1922年年底，卢作孚来到上海。见到了老朋友黄炎培和黄警顽，卢作孚将自己在川南的教育实验和自己的思考详细地讲了出来。

两位老友对卢作孚不懈追求的精神深为感动，对他在上海的考察活动倾尽全力帮助。卢作孚参观了黄炎培创办的中华职业教育社和中华职业学校，对他以实业养教育、以实业启民智的救国救民之道深为叹服。在黄警顽的陪同下，卢作孚参观了商务印书馆。经上海商会介绍，卢作孚参观了上海南市电力厂、锯木厂、造船厂、纺织厂等。后来他根据这次考察所见写成了《中国军人之新倾向》一文。尤其值得一提的是，这次江浙之行当中，卢作孚还与郑璧成一道专程赴南通，拜访状元实业家张謇，参观他兴办的一系列企业。

张謇（1853—1926），江苏南通人，清末状元，主张“实业救国”。他以家乡南通为基地，以纺织工业为主业，一生创办了20多个企业，370多所学校，为中国近代民族工业的兴起、教育事业的发展做出了宝贵贡献，被称为“状元实业家”。后来卢作孚曾谈到两人见面时候的情形：

> 数年前与璧成到南通参观张季直先生的建设事业。问他：你老人家经营的事业好呀？他说：难呵！追问他为什么？他说：人才缺乏，人都没有旧道德，人人都有我见。我的意见则不同：1. 旧道德不适用。因旧道德知识消极的告诉我们怎样去做一个

好人。我们要建议一种积极的新道德来指示群体去做好人。2. 中国人都没有我见。

可以看出，卢作孚和张謇的最大不同，是他已经下定决心要用积极的新道德来指导实业、培训人才和建设乡村，更加注重建立“集团生活”和提倡与之相适应的新道德。

这次江浙之行持续了大半年，可见卢作孚考察实业的用心之专。直到1923年夏末，卢作孚才返回重庆。

1924年到1925年，卢作孚和朋友在推进建设成都通俗教育馆，办得有声有色，但是也遭遇到强大的阻力，主要是来自成都地方军政当局的，尤其是主管市政事务的市政督办王缵绪的。王瓒绪听信谗言，怀疑卢作孚等人有经济问题，派专人调查，结果发现分毫不差。无端遭人诽谤怀疑，卢作孚很是伤心，他深感“纷乱的政治不可凭依”，“靠军人办文化教育易发生动摇，建立不起稳固的基础，每每随军事成败而人与事共浮沉”。寄人篱下不行，尤其是寄军阀篱下！1925年7月他向市政督办递交了辞呈。新任督办罗泽洲虽然再三挽留，但是卢作孚去意已决。

卢作孚的性格，凡事三思而后行，虽然常常有出人意料之举，但是生平未做过冒险之事。在建设通俗教育馆后期，他对三弟卢尔勤说：“要考虑一项有关国计民生，又有发展前途的实业，这应该是以发展经济为中心。”这是他从“教育救国”转向“实业救国”的萌芽期。他认为，这个事业应该到川东老家去，那里有同学，有乡亲，有可以信赖的亲戚朋友和人脉关系。他要从一个小的企业、一个小的区域扩展，进而向全国推开。他认为中国的现代化应该采用这种渐进式的“微生物革命”，于是，卢作孚离开成都，回到老家合川，在这里一堆崭新的事业正等待着他去开拓。

二、创办民生公司

1926年6月10日，民生实业股份有限公司正式成立。公司以“服务社会，便利人群，开发产业，富强国家”为宗旨。“民生”取自孙中山先生的民生主义主张，命名“实业股份公司”，表明公司绝不想单纯做一家航运企业，而是意图发展实业，创建一家综合性企业，提升我国的近代工业。公司的发起人和股东“以合川为最多，其投资大半是为了朋友关系，而非是为了事业关系；并非有了认识，而是为了尝试”（《一桩惨淡经营的事业》）。卢作孚被推举为总经理，卢作孚瑞山小学的老师、时任合川县视学的陈伯遵和同学黄云龙任公司协理，彭瑞成、陶建中为部门负责人。公司只有一艘载重70吨的浅水铁壳小船——“民生”号——航行于合川到重庆的川江航道。公司草创，只有六七个人，开始了艰难的创业之路。

创业维艰。卢作孚自己身无分文，老师、同学虽然很热心，但也是囊中羞涩。民生公司最初计划募股2万元，后提高到5万元，由各个发起人分头募捐。募捐工作很不顺利，发起人没有钱，县里面的士绅们还固守陈规，把钱投在买地、放贷上面，根本不看好这个“穷人合伙公司”。费

“民生”号，民生公司订造的第一艘轮船

尽万难，他们才收到8000元股金，而建造一艘铁船需要3.5万元，这与目标差得太远。况且这8000元当中还有5000元要用于购买合川电厂发电设备，可以动用的，只有区区的3000元。无奈之下，远在上海的卢作孚深思熟虑之后，向船厂交了3000元定金，并通过股东陈伯遵的担保贷款，解决了造船资金问题。

谁也没有料到，就这样一个在艰难中起步的民族企业，经过20多年的发展，到新中国成立前夕，已拥有轮船148艘，船舶总吨位51000余吨，航运区域达整个长江流域及沿海、日本以至东南亚各国。民生公司的业务以轮船航运业为主，兼营机器制造、采煤、发电供水、纺织染布，由交通业以至百货经销、外贸等行业，成为旧中国最大的民族航运企业。

那么，卢作孚发展实业，为什么要首选航运业？为什么要从川江开始呢？这要从川江的地位和当时的形势说起。

江水流经四川宜宾、过重庆，至湖北宜昌之间的上游河段，此段河流因大部分在四川境内而被称为川江。重庆成为直辖市后，川江流经四川境内只有200多公里，但川江之名尊重历史，并没有因此改变。川江从宜宾的岷江与长江交汇口起，至宜昌港码头，全长1000多公里，也有人把西陵峡口的宜昌南津关划作川江终点。宜宾至重庆段为上川江，长约380公里；重庆至宜昌段为下川江，长约660公里，是川江的主要行船航道，著名的三峡天险位于其中。三峡天险自西向东分别为瞿塘峡、巫峡和西陵峡，全长约193公里。

川江是中国的内河，也是一条黄金水道，但是在清朝末年，西方列强通过不平等条约开始霸占川江航道。1876年，英国借签署《中英烟台条约》，强迫清政府交出川江航运权。1890年，英国又借《烟台条约续增专条》，取得了重庆开埠和在川江上行驶的轮船悬挂外国国旗的特权。甲午战败后，日本又强迫清政府签订《马关条约》，取得了“从湖北宜昌溯长江以至四川重庆府”“附搭行客，装运货物”的特权。其他帝国主义国家“利益均沾”，也享有同等特权。从此，川江航运权从法律意义上完全丧失。太古、日清、怡和等外国轮船公司凭借强大的资金和技术实力，一度垄断了川江航运权，俨然成为川江的主人。

1914年，还抱着寻求“教育救国”理想的卢作孚首次乘“蜀通”轮从重庆到上海，顺江而下，看到了这样的现象：作为中国内河的长江上百舸争流，异常繁忙，但是大大小小的船只桅杆上面悬挂着的却是外国国旗，有美国的、英国的、日本的、法国的、意大利的、瑞典的、挪威的、荷兰的……，却很少见到中国的。这些悬挂外国国旗的轮船在长江上横冲直撞，肆无忌惮，把一些中国的木船、渔船冲得东倒西歪。

看此情景，卢作孚感到无比愤怒、屈辱。为什么在中国的内河上别的国家的轮船可以横冲直撞，肆无忌惮？为什么中国的国土可以任人蹂躏？这一切，都是国家贫弱的结果！物竞天择，适者生存。落后就会挨打，弱小就会受人欺凌。也是这个时候，卢作孚心中萌发了发展自己的航运业，将帝国主义从长江上赶出去的念头。

卢作孚乘坐的“蜀通”轮虽然是一艘中国轮船，但是船上的管理人员态度傲慢，茶房对待外国人点头哈腰，殷勤备至，对自己的同胞却态度恶劣，打骂、勒索的事情时有发生。

目睹此景，卢作孚深为痛恨，想到如果自己办轮船公司，一定要杜绝这种人分几等和无视普通乘客人格尊严的事情发生。

川江航线刚刚开辟的时候，也就是清末民初更替之际，是川江航运的黄金时期。那时候，“几乎一只轮船一年可以赚回一只轮船”，“所以航业就以极短的时间，发展到极盛，而且发展到过剩”[①]。英商太古、怡

① 《一桩惨淡经营的事业》。

和，日商日清等外资轮船公司凭借垄断地位，大肆打压中小公司，大多数中国籍轮船陷于折本、欠债、转租卖船的悲惨境地。这时候，“没有任何理由要开始办一个新的轮船公司——特别是一个中国公司，而却有一切理由不办它”[①]。

怎么办？是知难而进，还是改变初衷？如果卢作孚就此罢手，那么就不会有他后半生的辉煌了！恰恰是这个时候，更能显示出卢作孚作为企业家的战略思维和非凡能力。

初创时的民生公司非常弱小，犹如小吨位的“民生”号轮船一样，如何能通过严峻的考验，度过艰难的起步期，得到客户的认可和股东的支持呢？这是摆在卢作孚面前最重要的问题。为此，卢作孚祭出了三板斧：

第一板斧，废除包办制，实行经理负责制。

所谓包办制，也称三包制，是外国轮船公司的发明。外国轮船公司在中国办航运，不熟悉水道、行情、语言，就都包给中国人去做。后来的中国轮船公司，也采用了这一做法。

轮船公司把船上的驾驶、轮机、事务三个部门，分包给人。承包驾驶的叫作“水手长”，承包轮机的叫作“老鬼”（大管轮），承包事务部门的叫作“大买办”。承包人对本部门的一切活动负责，有完全的人事权。所以，一条船上，就分成三个团伙，且大团伙之下又有小团伙。比如，轮机部聘用的伙夫长，又可以自主聘用伙夫；事务部聘用的二买办，可以自主聘用理货员等，形成二、三级承包。所有被雇佣的人，都要向顶头上司缴纳押金。这样一种人事构架具有浓厚的封建色彩，人身依附的性质非常明显，是无法进行现代管理的。

包办制导致的结果，就是用人不必求贤，只要被雇佣者愿意接受较

---

① 孙恩三：《卢作孚和他的长江船队》，*Asia and The America's* 1944年6月号。

低的薪金即可，因此船上雇佣童工的现象非常普遍。再有就是任用私人，三亲六故、亲朋好友都一起来谋碗饭。

公司管理达不到基层，下面的事情做得如何，就完全凭各级承包人的“良心”了。为了减少支出多捞钱，承包人有各种办法，压低工资只是其中一种，还有偷工减料、随意涨价、携带私货贩运、报虚账、卖“黄鱼”（私自招揽乘客，收入不上缴）等。

在这种管理框架下，工作效率就可想而知，各自为政、资源内耗的事不可避免。船上服务员态度蛮横、服务不到位、索要高额小费，更是家常便饭，甚至打骂乘客的行为也有发生。

民生公司就不同了，它实行的是经理负责制。经理对公司负责，公司对经理进行绩效考核和财务直接管理，就能保证公司的管理直接到达基层。轮船上的经理代表公司担当起全船的事务责任，如亲自招待旅客，安排座位，开船前亲自到岸上去出售船票，上船后查验船票，等等。

后来，随着民生公司发展壮大，卢作孚还在经理负责制的基础上实行了“四统制”，即人员公司统一招聘、财务公司统一掌管、燃油公司统一定额配发、全船技术业务由船长统一指挥。

卢作孚的这套管理制度，在当时长江航运企业中是独一无二的。这也是民生公司攻坚克难、不断发展壮大的一个制度法宝。

第二板斧，是推出全新的旅客服务工作。

那时候川江各轮船公司都极不重视客运，只重视赚钱快的货运。对旅客漠不关心，态度恶劣。尤其是外国轮船公司，对中国普通旅客更是歧视。不少公司的轮船上只有专为洋人开设的豪华特等舱，中国乘客只能住在统舱、甲板或过道上。船上卫生条件很差，管理混乱，小偷、青洪帮和茶坊勾结为非作歹。中国乘客甚至会被赶在一起挤着，不许随意走动。中国乘客坐这种船，无异于坐牢。

“民生”号却截然相反，它以客运为主，从船上的经理到每个船员，对旅客的态度都和蔼可亲，服务周到，招待热情，伙食丰美。卢作孚常常亲自搭乘“民生”号往返重庆、合川间，实地了解旅客服务情况。当时船上还没有设茶房，他便向船上的水手和厨工讲解旅客服务工作的重要意义，帮助他们提高服务水平。

第三板斧，是取消船工向旅客索取小费的恶习。

当时中外轮船公司都通行小费制度，即旅客在购买船票之后，在轮船上还要付给茶房等服务人员一笔费用。轮船公司不给茶房发工资，茶房全靠小费维持生计。他们常常敲诈勒索、卖“黄鱼”渔利谋生，对旅客，也是经常刁难、翻白眼。

而民生公司则是为“民生”号招收了一批有文化的中学生为服务员，一律发给服务员工资；还统一配着装、佩戴工号，严禁向乘客索要小费；要求客货分装，对待乘船的旅客，要扶老幼上船；还细致地规定了如何敬茶、添饭、关门、擦鞋、开门、关窗等，规范严格。

民生公司的优质服务使得川江航运面貌焕然一新，公司声誉迅速传扬开来，引起了各方面人士的注意。

民国初年的四川，实行的是饱受诟病的“防区制”，军阀横行，社会混乱。一些军阀部队的官兵和地痞流氓蛮横不讲理，坐船不买票，常借故滋扰，动不动阻碍轮船开航。对于他们，卢作孚有礼有节，坚持按规章制度办事。

有一次，驻防合川的川军第三师师长陈书农的一个警卫员乘船从重庆回合川，上船没有买票，查票员要他补票时，他恶狠狠地说：“老子随便走到哪里，从来也不晓得还要买票。你实在要票，等我到了合川再说吧！”卢作孚恰巧也在船上，他和颜悦色地说：“先生，我们是营业性质，不是打差，任何人都要买票。”那警卫员不听，反而摆出一副要动武的架势。船员们怕卢作孚吃亏，急忙把他劝走。卢作孚转头对那警卫员说："我这次来合川，就是要和陈师长商量军人买票的事情，我相信他不会说军人坐船不买票。"那警卫员一听，立刻蔫了，随行的人赶紧打圆场，帮他补了票。

不久，卢作孚找陈书农议事，陈留卢作孚吃饭。席间，陈问卢作孚，他的官兵是否照章购票？事有凑巧，上次闹事的那个警卫员正好端菜上来，卢作孚假装不认识，连声说："没有，没有。"后来那个警卫员找到卢作孚，赔礼认错。以后，这类仗势不买票的事少多了。

三、民生公司的早期发展

民生公司在重庆至合川开航以后，由于讲信用，服务周到，客货运输安全准时，价格合理，大受旅客和商人的欢迎，收入相当可观。不但原来观望迟疑的股东们积极踊跃缴股，还有不少人持款要求入股，结果第一次股额5万元，在"民生"号开航后二三个月就完全收足了。

随着经营的发展，问题也出现了，由于只有一条船，无法当日对开，利润自然少了很多。此外卢作孚还发现，到了冬季川江枯水期，轮船至少要停运5个月，对此，他一面开辟枯水季节的新航线，一面加紧购买吃水更浅的新船。1927年，卢作孚再募股5万元，到上海购置一艘吃水更浅的小轮船。人们看到了"民生"号运营带来的巨大变化，纷纷投资入股，这次募股异常顺利。

1928年春，卢作孚新购置了一艘载重34吨的浅水小轮"民用"号投入运营，接替了"民生"号的渝合航线。"民生"号改航重庆至涪陵一线。涪陵是一个滨江城市，位于重庆下游120公里，是乌江和长江的交汇处。川东南一带的特产，都通过乌江外运，因此涪陵是一个重要的物流集散口岸。但是，涪陵到重庆却长期没有专轮行驶，仅有少数不定期的过路船只，中途靠岸装运客货。涪陵民众深感不便，早就希望有一天能在重庆、涪陵之间设立专轮航行了。这样一来，不仅实现了渝合之间的每日对开，还开辟了新的航线，营业收入猛增。

不久，卢作孚又购买了一艘载重120吨的客货船“民望”号。说起这个“民望”号，还有一段曲折的故事。

1927年，南充商人谭谦六在上海江南造船厂订造了一艘125吨的轮船“顺庆”号，由上海开回四川。“顺庆”号刚开到重庆，就被驻军师长范绍增给扣留了。经过多次交涉，1928年春天谭谦六才将船收回来。收回后，谭谦六与民生公司合作成立了长江轮船公司，他将“顺庆”之名改为“长江”，并委托民生公司代管船只，专门在重庆到涪陵航线上营运。一年以后，谭谦六撤走投资，将轮船卖给民生公司，于是“长江”又改名为“民望”，成为民生公司的第三艘轮船。

从此，民生公司以三艘轮船，在重庆、合川、涪陵三地循环营运，高效地配置了资源，发展成为一家极具活力与生机的民族航运企业。

在发展航运的同时，民生公司其他的事业也进展顺利。1926年年初，筹办中的民生公司成立了事务所，卢作孚任总经理。在公司的信封上，赫然印着公司初期的四大部门：航业部、碾米部、电灯部和自来水部。从民生公司成立之初，就开发了电厂、自来水厂、碾米厂、机器厂等相关产业。

民生电厂设在民生公司最初的总部——合川药王庙，利用卢作孚从上海带回来的一部11千瓦的直流发电机，向合川县城提供照明电力，最初仅仅供应500盏电灯。人们看到小小的电灯泡竟然让漆黑的古县城突然大放光明，拍手叫好。后来，卢作孚又从上海定购了一台英国的蒸汽锅炉、一台120匹马力的德国西门子蒸汽机和一台100千瓦的交流发电机。这些足够满足合川县城4000多盏电灯照明和机器碾米厂的需要了。合川电厂的电费，为初创的民生公司提供了收入保障。

合川自来水厂和电厂一样，也是用破旧的庙宇作为办公地点，这是无奈的选择。民生公司初创时非常弱小，哪里有钱来建办公地方呢！卢作孚选定瑞映山顶的神庙为水厂所在地，因为这里是合川县境内位置最高的地方，居高临下，便于向全城供应自来水。

1928年冬，卢作孚创办四川第一家轮船修理厂——民生机器厂

民生公司初创时期还办有其他产业，其中尤其值得一提的是民生机器厂。1928年，民生公司拨款2万元，在重庆江北租了一处厂房，创建了民生机器厂，成为四川省第一家轮船修理厂。当时，长江上游的大小中外轮船有80多只，轮船无论大小，每年都需要检修。但是，重庆却没有像样的轮船修理厂，如果轮船出了问题，要到几千里之外的上海去修理，费时费力，成本极高。卢作孚认为这是一个商机，也是民生公司发展航运业非常必要的部分。他亲自带人寻找厂房，经过反复论证，确定了厂址。民生机器厂当年便投入生产，后来发展非常迅速。1933年厂址迁到了江北的草坝，自建了厂房。到1935年，工厂已经有各种设备86台，资产30余万元。抗战全面爆发以后，民生机器厂接收了大量内迁的设备和专家，发展

更加迅速，到1945年，已经成为四川最大的民营机械工业企业了。

四、化零为整斗洋船

随着公司日益走上正轨，与外籍轮船抗衡成为卢作孚思考的问题。在当时，中国轮船无论在吨位上还是在运营细节上，都与外籍轮船存在很大的距离，如果继续一盘散沙似的各自为战，将会在竞争中被逐出局。卢作孚深知只有同行联合起来一致对外，才能有效发展。于是，他向国内同行提出了“以民生公司为核心，化零为整、统一川江”的发展战略，号召川江上的中国航运公司结为一个整体。

这一理念与谋求四川统一的刘湘不谋而合。刘湘（1888—1938），成都人，毕业于四川陆军速成学校，参加过辛亥革命、护国战争，1921年被推举为四川各军总司令兼省长。1937年抗战全面爆发后，他带病率军出川抗战，在前线病发去世。在卢作孚呼吁同行联合之时，刘湘是四川实力最强的军阀，正在谋求四川的统一，航运统一也是重要内容之一。他清醒地认识到，“统一川江”的最大阻碍在于仍然掌控川江航运的那些外国轮船公司。1929年秋，他在与自己的高级幕僚刘航琛聊天时说道：

> 你看今日之四川，内河航运几乎都是外国人的天下，行驶川江的轮船，英国有太古、怡和公司，美国有捷江公司，日本有日清公司，连法国人也有什么庆华公司。而我国人所组设的都是些只有一条船、两条船的小公司，跟外国人不能竞争，甚至都无法生存。

怎么办？只有一个办法，就是联合这些中国轮船公司为一个整体，以与外国轮船公司抗衡。但是川江上的轮船公司都是一盘散沙，各怀私见，初步接触以后，刘湘大感失望。既然联合不行，何不选择一个公司来兼并呢？联合能达到“化零为整”的目的，兼并一样也可以达到。刘湘、刘航琛认为扶持的公司不在于规模的大小、资金的多少，而在于主持人是否有头脑。尽管此时的民生公司只有3艘船，还是一个规模小、实力弱的小公司，但是刘湘等人却认为其主持人卢作孚有头脑、有能力，而且为人方正，操守极佳，遂委以“化零为整、统一川江”之重任。

弱小的民生公司之所以能担起这个重任，最主要的还是卢作孚的品性、才干得到了认可。当时，卢作孚除了担任民生公司总经理，还在地方乡贤的推荐下，担任了北碚峡防局局长。他带领峡防局官兵剿匪、建公园、建学校、开展读书活动，做得有声有色，深得地方人士的认可。

在国民政府的旧档案里，有一份关于卢作孚的个人鉴定，多少可以说明这个问题：

> 人：短小精干，品性坚毅，工于谋划；善用人，其办法为经考验后继以实地训练，严加管束，并保障其生活，使能安心发挥所长系其特点；其所主持之民生公司，为国内有数之大企业，亦即卢氏之一杰作。与张岳军氏（即张群，时任国民政府行政院院长）关系密切，并为张岳军氏与张公权氏（即张嘉璈，时任国民政府交通部部长）间之沟通人。
>
> 事：处事勤劳、切实，富有研究精神。

以上不足200字的鉴定，虽不全面，也不够准确，时间也较晚，但从中也可看出卢作孚的品性、才干。

很多同行认为卢作孚兼并同行的举措是“蛇吞象”，因为当时的民生公司实在太弱小，不过3艘船，总吨位只有230吨，比有些公司1艘船的吨位还要小，如此以小博大简直是白日做梦。

对此，卢作孚在动员时郑重承诺：凡愿意将轮船出售给民生公司的，不论船况好坏，民生公司一律作价收购；凡愿意将公司并入民生的，无论负债多少，一律由民生公司代偿债务，原来公司所有员工全部由民生公司接收安排工作，不使一人失业。这种自己掏腰包照顾其他公司员工利益的做法，很快得到了各个小公司的响应，并购进行得比较顺利。

但兼并军轮的过程一波三折。所谓军轮是四川各路军阀投资的轮船，他们在经营过程中依仗枪杆子抢夺客货资源，大大阻碍了川江航运的健康发展。卢作孚深知不兼并这些军轮，统一川江航运就是一句空话，为此，他亲自出面，向各军阀陈说利害，劝其合并，并在洽谈过程中，不怕对方狮子大开口，要多少钱就给多少钱，基本达到了目的。

就这样，从1930年到1935年间，民生公司共计并购轮船36艘，长江上游的几十家中国轮船公司全部成功整合在民生公司的旗下，形成了川江航运界的“民族航母”。

面对民生公司的激烈竞争，老牌的捷江、怡和、日清等外籍轮船公司不甘心退出川江，开始了激烈的对抗。他们分析形势后认为，在卢作孚的连续并购之下，民生公司的欠债已经达到了70万元，此时正是打价格战的好时机。于是，他们联手大幅降低运价，如果民生公司也跟着降价就会被拖垮；如果不降价，就揽不到生意，只有死路一条。

结果出人意料，卢作孚并没有踏入低价恶性竞争的圈套。卢作孚在公司内提出了“勒紧肚皮，也不让民生公司被外商挤垮”的倡议，得到了员工的积极支持，大家不仅忘我工作，还主动缓领或少领工资，与公司共度时艰。同时，卢作孚带头克服艰难，大力提高服务质量，尽力改善硬件设施，用良好的服务赢得客货资源，得到了民众的拥戴。工商业者不把货物交给外籍轮船公司运输，乘客也自发地喊出了“要坐就坐民生船，坚决不坐外国船”的口号。

价格战是把双刃剑，民生公司在群众的支持下日益壮大，而发动价格战的外籍轮船公司顶不住了。1935年6月，美籍捷江公司破产，其他外籍轮船公司也每况愈下，卢作孚趁势追击，接收了捷江公司的7艘轮船和码头设备，一举掌控了川江航运70%的业务。

这场竞争胜利，不仅挽救了面临崩溃的川江航运业，维护了主权，也为以后的战时运输打下了坚实的基础。卢作孚之子卢国纪称之为民生公司创造的“长江上的三大奇迹之一”（另外两件分别是1933年成功打捞和改造“万流”轮、1936年创造的“三段航行法”），可见这次竞争胜利的重要意义。到1937年抗战全面爆发时，民生公司已经拥有轮船46艘，总吨位达18718吨，职工3991人，资产1215万元，成为当时最大的民族航运企业。

五、民生精神

民生公司从一条70吨的小轮船起家，发展成一个朝气蓬勃的民营企业集团。在创业的过程中，民生公司锐不可当，创造了一个又一个骄人的业绩。从1926年成立到全面抗战前夕，仅仅十年多就已经发展成为一个拥有航运、矿业、制造、公共事业、贸易等多种产业的企业集团，仅航运业就有职工近4000人。

这是一个奇迹！这个奇迹的出现，如果仅仅理解为个人的智慧和能力，那是远远不够的。英雄不可能一个人创造历史。之所以产生这样的奇迹，是因为卢作孚背后有一个强大的团队，有一支充满战斗力的队伍。

他是怎样打造这个团队的？他是用什么办法来激励士气的？那便是闻名中外的“民生精神”，这是他无往而不胜的法宝，也是他留给我们的精神遗产中最为可贵的一部分。

著名经济学家厉以宁认为：“从经济上看，企业文化是企业的一种文化观念和价值准则，是企业全体职工的一种信念和凝聚力的体现。企业文化对经济起着重要的作用，它有助于协调企业与职工之间的关系、职工彼此之间的关系以及企业同外部环境之间的关系。在这些关系得以协调的过程中，企业的效率将会提高，企业的形象将会完善，企业的目标与职工个人的目标也就容易实现。因此，建设企业文化与发挥企业文化的积极作用，被认为是建立新型企业的必不可少的一环。”

厉以宁对“民生精神”的评价相当高：“卢作孚先生创立的民生公司，有理由被认定为20世纪20年代至40年代内企业文化建设卓有成效的一个范例。卢作孚先生是我国近代企业文化建设的最早倡导者之一。”

全国工商联原主席经叔平也认为：“‘民生公司’和‘民生精神’被认为是中国最早出现的企业文化建设卓有成效的典范。”

卢作孚本人对于“民生精神”非常有信心。他到处宣传“民生精神”，在民生公司成立10周年时，他说：民生公司的“基础不是建立在百余万资本上，几桩事业上，几十支轮船上，乃是在这种精神上”。他自豪地宣布，民生公司成功地团结了500多名股东，2000多名员工。“如果整个公司的人有这一种精神，可以建设一桩强固的事业；如果整个民族有这一种精神，更可以建设一个强固的国家了。”①1943年，他更是自豪地宣称：民生公司区别于其他轮船公司的，就是“于思想于方法，从总经理起，一直到水手茶房止，都有统一的精神”。②卢作孚还将这一口号印在旅客房间的床单、茶杯和饭碗上，让这一理念真正地入眼入口入心。

那么，作为一种企业精神，民生精神的内涵是什么呢？要认识这个问题，需要从卢作孚“创造现代集团生活”的思想说起。

卢作孚很早就认为，“农业民族是最安定的民族，亦是最散漫的民

① 卢作孚：《纪念民生公司成立10周年》。

② 《新世界》1943年第54期，第66—67页。

族”。在这种小农社会中形成的生活方式也必然具有自己的特点：中国传统的集团生活分为两类，一类是依靠家庭关系而形成的，一种是依靠亲朋关系而形成的，这就是俗话说的“在家靠父母，在外靠朋友”。这是传统的经济社会决定的集团生活，带有浓厚的人身依附关系和宗法性质，是阻碍中国实现现代化的最大障碍。在这种价值观的指引下，家庭利益至高无上，家族利益超越社会，人们不知公共社会为何物，“只知有家庭，不知有社会”，“为了家庭可以披星戴月，可以蝇营狗苟，可以贪赃枉法，可以鼠窃狗偷，可以杀人越货”，引起社会的无序，纷争不断。

卢作孚认为，这种以家庭、亲朋为基础确定的人际依赖关系不破除，中国就不可能实现现代化。中国要实现现代化，必须首先建立起一种崭新的集团生活。

对于新的集团生活，卢作孚确定了标准：“只有成功了新的相互依赖关系、新的比赛标准和新的道德条件，便成功了新的集团生活。”这里，卢作孚提出了新的集团生活的三大基石——新的相互依赖关系、新的比赛标准和新的道德条件。

关于新的相互依赖关系，卢作孚提出，现代的人，一定要摒弃以家庭、亲朋为中心的私利生活，建设以社会、国家为中心的公共生活。因此，他对民生公司的员工，提出了三个口号：

个人为事业服务，事业为社会服务。

个人的工作是超报酬的，事业的任务是超经济的。

民生公司最后的意义，绝不是帮助本身，而是帮助社会。

关于新的比赛标准，卢作孚建立了一套新的人才使用和培养办法。首先，卢作孚提出了“大才过我，小才过考”的用人方针。所谓“大才”，是指具有专门知识的高级管理人员和技术人员，他们无须烦琐的招聘程序，经卢作孚同意即可进入公司；“小才”指一般的职员和船员，通过公开招收和考试的方法录取。卢作孚求贤若渴，只要是有才干之人，不惜一切代价去网罗。据1936年统计，民生公司41名处级以上的干部中具有大学以上学历的有38人，其中5人曾在国外留学，年龄都在30岁至40岁之间，他们后来都成为卢先生的得力助手。其次，卢作孚建立了一套较为完善的员工培训制度。他认为："中国的根本问题是人的训练，人的训练问题不解决，则社会的一切问题都不能解决。"民生公司的培训方式有三种。一是公司自己开办训练班，如茶房训练班、理货训练班、艺徒训练班等。二是一边工作一边受训。如组织职工举办读书会，在船上举办不脱产的扫盲班，建立图书馆，设立流动书箱等。三是委托外方代培，如电报员学习班、会计学习班等。在创办太平洋轮船公司时，他还曾派200多人到美国学习。

关于新的道德条件，从卢作孚本人的示范和他对下属的要求来看，可以包括以下几个方面。

一是讲效率。每个有志向的公司在创办之初都不乏远大的理想，但是真正能生存下去的，还是要依赖有效率、有执行力的团队，否则，再远大的理想也是沙上建塔、空中建楼。民生公司创立之初，卢作孚就以身作则，把效率问题放在生死存亡的关键位置。据老员工回忆，卢作孚每天工作时间非常长，从早晨一直忙到深夜，中间几乎没有休息，周日还要到北碚峡防局处理事务，周一早上再赶回。

卢作孚还要求下属做事情必须精确。卢作孚对敷衍了事的态度深恶痛绝，1933年，卢作孚在《我们的要求和训练》一文中强调："我们任何活动都必须正确……正确的第一个要求，是形式。正方必须每一边等长，每一角都是九十度。正圆必须是正圆，从圆心到圆周上的任何点都是等距离。第二个要求是数目。是三百五十二个人，不能说大约是三百人；是一万四千八百六十三元，不能说大约是万余元。"卢作孚本人做事也以精确著称，对于民生公司的经营状况、每艘船的运行状况，甚至一艘船的吃水深度、使用航线和需要改进的问题，都能随口说出，一丝不差。

为了强化员工的效率意识，卢作孚要求每一个工作人员凡办事，必须要有计划，中间必须有检查，事后必须有总结。在民生公司的信封背面，还印上了卢作孚亲手制定的“逐日应有的检讨”，共10条：

一、今天的工作尽力做完了没有？

二、每一工作，在事前确定计划没有？

三、每一工作，在事后整理清楚没有？

四、工作的成绩，比昨天进步没有？比他人落后没有？

五、事务上有悬着没有解决的问题没有？

六、有一钱一物的浪费没有？

七、如果离开现有职务，交代清楚没有？

八、个人的知识能力逐渐提高没有？

九、事业得着我们的帮助没有？

十、社会得着我们的帮助没有？

二是俭朴。卢作孚的俭朴是有口皆碑的，他出生于贫苦的家庭，兄弟姐妹比较多，从小就养成俭朴的习惯，后来虽然创建了民生公司，甚至担任了国民政府的高级官员，但是俭朴的习惯一直伴随他终生。虽然兼职很多，但他坚持只领一份工资。对于公司的一些红酬（分红），总是大笔一挥，捐给地方教育或者文化事业。他本人不抽烟、不喝酒，不喜欢住华丽的屋子，反对铺张浪费。即使是公司的对外招待，卢作孚也很节俭。一次，卢作孚在北碚设宴款待已经就任四川省主席的刘湘，场面非常隆重，但是吃的却是南瓜焖饭、豆花、腊肉和泡菜。刘湘知道卢作孚的一贯作风，并不怪罪，笑而受之，与众人一起吃得津津有味。

在着装方面，卢作孚也是非常俭朴。1946年代表国民政府出席国际通商会议时，他才第一次穿上西装。此前，他经常穿着的是民生服。这是三峡染织厂出产的一种芝麻色粗布套装，极为朴素，也称“作孚服”。从1933年3月开始，民生公司为每一位职工配发了中山装样式的制服，规定凡是上班、开会，参加社会活动，职员无论社会等级高低，都必须要穿民生服，佩戴公司徽章。卢作孚对于统一着装非常重视，他特意撰文写道：“我们为什么要穿布质短衣——公司的制服？第一是要营造起节约的风气。当前社会，正在奢靡奢侈中迈进，比赛谁的衣服漂亮，谁的衣服华贵。我们当要纠正它，另外造起节约的风气，造成一个朴质而有意义的新社会，即从穿衣服起，去影响一切的一切。”①

卢作孚以身作则，不论在什么场合，都是穿着民生服。至今流传最广的一张标准照，穿的就是这种粗布制的民生服。

这种精神还体现在公司的投资政策中，卢作孚拒绝将企业利润用于放高利贷和购买田产，在几十年的发展中，始终坚持高积累、少分红甚至不分红的原则，不断扩大再生产。

三是爱国。民生公司从成立之初，就把救国、报国作为自己的最高追求。卢作孚认为，一个人要报国，力量毕竟有限，但是也不能一点儿也不做。如果千千万万的青年都有所觉悟，“选择一点或两点，一件或两件，努力去做”，就会汇成大海，令这个国家彻底改造。怎么做？卢作孚认为，炸弹的力量虽然大，但是微生物的力量更加彻底。他愿意做一个微生物，慢慢地去改变这个社会。因此，卢作孚强调，建设是最重要的问题，边建设边破坏，造就一个现代化的国家。所以，卢作孚为民生公司确立的宗旨是：“服务社会，便利人群，开发产业，富强国家。”就是从一点点的建设做起，慢慢改变这个国家，实现报国理想。

---

① 卢作孚：《民生公司职工为什么要穿公司的制服》。

卢作孚还提出很多理念，反复强化员工的爱国思想：

作息均有人群至乐，梦寐毋忘国家太难。

白种人能办到的，黄种人也能办到；日本人能办到的，中国人也能办到。

不失败的民族，是不甘失败的民族，是拼命的民族。民生公司的朋友要这样的报效国家、这样的自负。

事业提倡起来了，可以救国。

在卢作孚的教育下，民生公司的员工爱国热情非常高。在与川江外籍轮船公司的竞争中，员工同仇敌忾，把不可一世的帝国主义轮船公司赶出了川江。全面抗战爆发以后，民生公司的员工冒着敌人的战火，承受着巨大的牺牲，为抢运人员和战略物资做出了巨大贡献。尤其是在宜昌大撤退中，民生公司高效且富有创造性的转运，保住了国家工业的命脉和希望，为抗战最后的胜利做出了有力的支持。

可以看出，卢作孚提出的民生精神，实质上就是建立与现代集团生活相匹配的道德伦理，这就是民生精神的内涵。

为了贯彻民生精神，民生公司举办了各种各样的宣传活动，朝会制度就是其中的重要一项。

1932年起，民生公司规定上班前半小时召开朝会，后来改为周一、三、五早晨8点召开一个小时的会议。参加者包括卢作孚在内的全体管理人员。

朝会内容很广泛，凡是公司面临的各种问题，都在会上讨论解决。后来，经过完善，朝会内容也大为拓展。在民生公司内部刊物《新世界》第105期上有一篇《朝会素描》，文中详细描绘了朝会制度成熟以后的一次会议进程：逢开会的日子，早晨8：05开始，主席宣布会议开始，全体起立，唱《前进歌》。然后，编辑股职员汇报当天时事新闻，船舶股、港务股员工汇报本部门工作情况，燃料股职员做读书心得。职员每人讲话十分钟，最后主席讲话五分钟。会后，主席介绍四位新员工。最后五分钟，主席宣布：“起立，唱《挽救祖国》。”会议简短，但是主题鲜明，显示出民生公司对企业文化的重视。

1932 年 7 月 12 日，民生公司内刊《新世界》创刊，主编为张从吾。图为第 106 期刊影

此外，朝会上还经常请来社会名流演讲，使得朝会具有了讲座的性质。据不完全统计，来参加民生公司演讲的名人有：马寅初、陈独秀、杜重远、孔祥熙、冯玉祥、徐孝匡、王芸生、卢郁文、胡焕庸、杨森、陶希圣、茅盾、郭沫若、晏阳初、黄炎培、张澜……这些人的演讲，内容涵盖面很广，也非常有深度，对于提升员工素质有重要作用。

另外，为增强企业凝聚力，民生公司还较早地引入员工福利制度。如实行终身雇佣制；职工探亲可免费搭乘公司轮船，眷属乘船半价优待；职工因公死亡，给眷属以照顾。

1933年之后，公司陆续拨款在重庆、宜昌、汉口等地方购置上百亩土地，用于宿舍建设。所建宿舍被称为“民生新村”，后来又逐步扩大到其他口岸。民生新村配备有自来水、电灯、电话等设施，有专门的花匠负责绿化。还建立幼儿园和小学，资助成立职工消费合作社，解决了员工的后顾之忧。这些措施极大地激发了员工的积极性和创造性。

民生公司还鼓励员工持股，凡是愿意入股的员工，公司给予20%的补贴，股份还能分期缴纳。这样，员工和公司就成了一个命运共同体，员工更加拥护公司，公司也更加为员工谋福利。到1933年年底，民生公司的员工持股比例已经达到6.7%。社会上很多年轻人心向往之，以加入民生公司为荣。

在民生精神的熏陶下，民生公司的员工完全摆脱了当时社会上存在的不良习气，人人以勤劳敬业、爱国尽力为荣，以贪慕虚荣、追求个人享乐为耻，形成了一个极富献身精神的团体。

1939年6月28日傍晚，一艘庞大的货轮摇晃着身子，缓缓地驶出宁波镇海港，江风中，铁链摩擦船体发出铮铮的低沉声。甬江岸边站满了身穿麻衣破布的老百姓，沉默地目送这艘大船出港。这是一次有去无回的航行，船上除了几名船员，就只剩下水密隔舱里的那上千斤烈性炸药。

货轮沿着甬江主航道行进，到达约定好的地点后，船长将船首调整至朝宁波鄞县方向，拉响了汽笛，点燃炸药引线，随后同几名船员匆匆搭小艇逃离。不一会儿，火光冲天，江面上响起沉闷的爆炸声，浓烟滚滚升起，船体受到冲击后猛烈晃动，在黑暗的包围中，货轮沉入江底。

这艘船的主人是宁波船王陈顺通，船名叫作太平轮。自杀式沉船是局势所迫，也是义无反顾。沉船三天前，日军对镇海一带进行了三天三夜的轰炸。形势紧迫，为了拖延日军登陆，27日国民政府紧急发电，要求太平轮立即驶向甬江主航道，沉船阻拦日军舰队。

陈顺通对太平轮做了最后的嘱托："沉船时必须挂好国旗，务必将船首指向我的家乡。"而在太平轮自沉甬江航道之前，他的船队里另外一艘3000多吨的巨轮"源长轮"已经在1937年江阴保卫战中自沉长江，作为防御的阻塞工事。这种活生生用一道"肉身"叠起的防御工事，昂贵、悲壮却又无可奈何。

航运业的属性，自带政治二字。在战争年代，情报和交通是最为重要的战略资源，船队作为重要的战略资源之一，是交战双方激烈争夺的对象，甚至不惜自沉也要避免落于敌手。陈顺通旗下共有四艘巨轮，两艘被日军扣押，两艘则捐躯阻敌。太平轮沉江后，陈顺通手上再无船可用。1949年他抱憾而终，一代船王谢幕。

抗日战争全面爆发，一条长江线把陈顺通和卢作孚一东一西串成一体，在国家危亡之际，两大船王毫不犹豫地投入到救亡运动中。但与陈顺通自杀阻敌的悲壮方式不同，卢作孚选择了另外一种方式与日寇顽强抗争。

一、临危受命

日本帝国主义1931年发动九一八事变侵占我国东北以后，野心日益膨胀，妄图建立“大东亚共荣圈”，奴役包括中国在内的东亚国家。1937年7月7日，日本派驻华北的军队，突然向北京卢沟桥附近的中国军队开火，我二十九军冯治安部奋起反抗，在卢沟桥一带与日本侵略军展开浴血战斗，揭开了全面抗战的序幕。

当此民族危亡之关头，中国共产党向全国人民发出了希望国共合作，“筑成民族统一战线、抵抗日寇侵略”的号召，国民政府也在全国人民的要求下，决定停止内战，与日寇抗争到底。

此时，卢作孚正准备到欧洲去考察实业，年初已经得到国民政府的批准，也已经做好了临行前的准备。闻听卢沟桥事变，他异常悲愤，毅然决定放弃盼望已久的欧洲之行，留在国内，将自己全部的精力投入到抗日战争中去。

卢沟桥事变后，卢作孚接到国民政府的通知，要他立即到南京帮助政府草拟抗日战争总动员计划。卢作孚一生不愿意为官，高官非他所求，厚禄更非他所愿。早在1924年，他就拒绝了杨森请任教育厅厅长的请求，宁愿去做一个低薪的成都通俗教育馆馆长从事民众教育和文化活动。1929年他担任川江航运管理处处长，也是出于川江华籍轮船孱弱，无法与蛮横的外籍轮船竞争的考虑。1935年刘湘委任卢作孚为四川建设厅厅长，软泡硬磨16个小时，他才不得已上任。这都说明他志向在于干一番对国家对百姓有利的事业，而不是去做高官，拿厚禄。

然而当全民族的抗日战争爆发以后，为了国家民族，卢作孚没有任何推辞，而且全身心地投入。接到电令后，他立即赶到南京，参与抗日战争总动员计划的拟定。抗战期间，卢作孚担任的职务真不少，他曾任国民政府军事委员会第二部副部长，并兼农业、工矿、贸易调整委员会运输联合办事处主任，还曾任国民政府交通部常务次长、全国粮食管理局局长等职。

这些职位都位尊权重，尤其是交通部常务次长和全国粮食管理局局长，是关系抗战胜败的关键岗位，也是“油水”很大的肥差。因此，必须要由具有极高使命感、责任感而且清正廉洁的人来担任。

当时，有人为民生公司的前途担忧，认为“国家对外的战争开始了，民生公司的生命就完结了”。卢作孚不以为然，他说：“我的感觉，恰恰相反。”此刻他想的不是一个事业的得失，而是整个国家民族的兴亡。他向民生公司全体员工宣布：“国家对外的战争开始了，民生公司的任务也就开始了！”他号召全体员工投入到这场全民族的抗战救亡中去。

二、支援前线，转运物资

交通运输是国民经济的命脉，在战争时代、民族危亡之秋，是打击敌人、夺取战争胜利的生命补给线。民生公司在长江水上运输华中至西南的大动脉线上，奏出了一曲曲高亢的壮歌。

1937年，日军发动全面侵华战争以后，北京、天津两大城市沦陷，日军沿着平汉、津浦铁路向南进犯，并向西侵入山西。8月13日，日本陆、海军向上海发动突然袭击，叫嚣要在“三个月内灭亡中国”。上海守军在闸北和日军展开激战。南京与上海近在咫尺，而且无险可守，南京危急！两天后，南京国民政府改组，成立抗战大本营，将党政军各机关的职能全部纳入大本营的统一指挥之下。

大本营以蒋介石为最高统帅，下设六部：第一部军令部，第二部政略部，第三部国防工业部，第四部国防经济部，第五部国防宣传部，第六部民众训练部。第二部的主要任务是“内求社会内部之安定，以树立长期抗战之基础；外谋国际舆论之同情，使敌国受孤立无援之压迫”。熊式辉任部长，卢作孚出任副部长。

大本营设在中山陵旁边一个地下室里，这里十分坚固，可以抵挡敌机的轰炸。卢作孚除了要草拟抗战动员计划，还要与熊式辉等人研究和部署外交、政治、社会、发动和组织民众等重大事项，提出对策、制定方案，工作非常繁忙。白天忙于第二部的工作，晚上回到家中，还有一项重要工作要安排，那就是指挥长江上游的民生公司船只抢运川军出川作战，指挥长江下游的民生公司船只强运上海和临近的江苏各地西撤的工厂、学校、科研机构以及众多的人员和伤兵。

这时，卢作孚住在好友范旭东位于莫干路的家中。范旭东是我国化学工业的先驱，早在1916年就在天津塘沽创办了久大精盐公司，以精制的海盐替代传统的食盐。后来在南京创办了永利硫酸铔厂等化学工业企业，生产的“红三角”牌纯碱获得国际大奖。范旭东与张之洞、张謇、卢作孚被毛主席称为“不能忘记的四大实业家”。此时，范旭东还在天津，他南京的房屋空置。于是，这里就成了卢作孚的临时指挥部。

为了支援抗敌，抗战初期，卢作孚紧急调配20多艘船只分别从重庆、万县两个码头出航免费运送6个师的部队出川赴抗战前线作战。这些战士参加了淞沪会战，英勇地抗击了日军的进攻，许多战士还在战斗中献出了生命，其中包括二十一军一四五师师长饶国华。淞沪会战持续了三个多月，全国人民同仇敌忾，将士浴血奋战，与日军展开激烈的巷战和拉锯战，彻底粉碎了日本帝国主义“三个月灭亡中国”的狂妄计划。但是，中国军民也付出了惨重的代价。

随着战局的恶化，南京面临失守，国民政府向武汉撤退。包括陈顺通“源长轮”在内一批巨轮在江阴口自沉，长江下游航道封锁。长江下游航道的封锁阻挡了日军的西进，中日双方的军队在徐州开始大量集结，酝酿着一场大战，武汉暂时得到了平静。武汉虽然暂时得到安宁，但是经过认真判断形势以后，国民政府认识到武汉也不是固守之地，只有“以空间换时间”，继续后退，以四川的天险做屏障，才能抵挡日军的进攻。国民政府于1938年11月决定迁都重庆。国民政府主席林森乘坐民生公司轮船到达重庆，并要求华北、华东等敌占区的机关、企业、学校、厂矿迁移到大后方。同时，为了阻止日军沿着长江向西侵犯，国民政府军事当局决定封锁江阴航道，长江航道即将断航。卢作孚下令上海民生公司全部人员撤回重庆，所有船只赶在江阴要塞封锁以前全部撤出。民生公司还配合招商局、三北等公司，从镇江撤离上海、无锡、苏州、常州的工厂、学校和机关单位。

按照1935年年底开始酝酿的《国民政府1937年度国防作战计划》（甲、乙两案），以及该计划修正案，中国“后退、相持、反攻”的抗日大战略，在全面抗战最初就已经成熟。全面抗战爆发后，国军贯彻得非常坚定、明确。

按照这个计划，战端开启，中国将以重庆为坚决抗日之陪都。诱使日军主力逆长江仰攻，靠长江水系消耗日军绝对领先的火力、机动的优势。化解日军由卢沟桥事变后，主力由华北南下、西进，俯冲江淮、川陕的战略路线的威胁。

这是在工业、物资、战力巨大悬殊现实下，中国为争取抗战最后胜利，而不得不做出的痛苦选择，也是唯一有效的选择。

1938年1月，国民政府再次改组，卢作孚被任命为交通部常务次长，同时兼任军事委员会下属的水陆运输委员会主任，负责调度指挥长江上的一切民用船只。这是一个非常繁重的任务，因为长江下游转移来的大量物资还在长江中游等待运输，前线需要的军事物资和军队还需要源源不断地运送，伤兵的转移也需要全力支持。困难非同一般，但是在卢作孚看来，在国家的危难面前，这点困难算得了什么。他充分发挥了自己数学计算和组织动员的特长，仅仅用了40天，就将宜昌滞留的战略物资和人员运输到了大后方，创造了一段抗战的奇迹。这就是被称为中国实业东方敦刻尔克大撤退的“宜昌大撤退”。

三、宜昌大撤退

在湖北宜昌夷陵长江大桥北侧，矗立着一个壮观的纪念碑，纪念碑上部是铁锚，下部是由花岗岩雕刻而成的“19381011”字样，兼具船和长城之形，在江边格外醒目。这碑是宜昌大撤退纪念碑，碑上的浅浮雕记录了1938年10月到11月间发生在这里的一些画面，以纪念这里发生的一场被铭记于民族历史之中的航运事件。

1938年10月武汉失守前后，距离武汉300公里的江边小城宜昌顿时无比重要，情势也无比严峻、无比紧张起来。

宜昌是长江的咽喉，是进入四川的门户。宜昌地处长江上游与中游

宜昌大撤退纪念碑

的接合部，是鄂西武陵山脉和秦巴山脉向江汉平原的过渡地带，“上控巴蜀，下引荆襄”，自古以来就是兵家必争之地。当时入川，少有公路，更没有铁路，走长江是最便捷的。而宜昌以上的三峡航道狭窄，弯曲复杂，滩多浪急，险象丛生，有的地方仅容一船通过。1500吨以上的轮船不能溯江而上，所有从上海、南京、武汉等地西行的大船，当时都不能直达重庆，乘客和货物都必须在宜昌下船“换乘”，换上能走长江三峡的大马力小船，才能继续溯江进川。

从上海、南京、南通、苏州、无锡、常州、武汉等地转运大后方的机关、学校、企业、厂矿和人员都集中到宜昌，等待运到大后方。正如卢作孚所说：“大半年间，以扬子江中下游及海运轮船的全力，将所有一切人员和器材，集中到了宜昌。扬子江上游运输能力究嫌太小，汉口陷落后，还有三万以上待运的人员、九万吨以上待运的器材，在宜昌拥塞着。全中国的兵工工业、航空工业、重工业、轻工业的生命，完全交付在这里了。”物资杂乱无章地堆积在长江两岸和码头上，原本只有2平方公里的宜昌城顿时变得拥挤不堪。“遍街皆是人员，遍地皆是器材，人心非常恐慌。因为争着抢运的关系，情形尤其紊乱。”

而当时距离川江每年的枯水期只有40天了，枯水期一到，水位下降，运载大型机器设备的船根本无法开航。当时运输人员和物资的轮船奇缺，能够穿行三峡的轮船，除了民生公司的22艘轮船，只有招商局等中国轮船公司和租借的几艘外国轮船。依据当时的运力计算，这么多人员、这么多物资要全部运到重庆，至少需要1年的时间。但是，必须在40天内将这些人和物资全部运出宜昌。这几乎是一个“不可能完成的任务”，形势危急，怎么办？

危难时刻，方显英雄本色。1938年10月23日，卢作孚乘飞机火速赶到宜昌。在飞机上，他俯瞰大地，公路上是一眼望不到尽头的难民和溃兵，狼烟四起，山河破碎，卢作孚心如刀绞。

来宜昌之前，卢作孚坚决制止了军事当局一个自毁长城的提议。当时武汉危急，军事当局做出一项决定，即不顾一切后果，采用沉船的办法，封锁武汉下游田家镇附近江面，以阻止日本军舰沿江西上；下令长江上的所有船舶，不管船只大小和性能如何，一律开到田家镇去凿沉。卢作孚获知这个决定后十分震惊，立即去找有关当局，指出这样做是极其错误的。

宜昌大撤退

长江中下游船只，大部分是单机单舵，船大马力小，不能航行川江，损失了问题不大。长江上游的船只，都是船小马力大，适合航行川江，一旦凿沉，必将严重危害川江航运，战时撤退工作及未来大后方的运输完全无法进行。他坚决要求将这批船只保留下来。然而，这时却有那么一些缺乏远见的人，胡说什么“保卫大武汉是当务之急，一切都要服从这一需要”。卢作孚听了非常生气。经过他坚持不懈的抗争，终于引起重视，最终未将长江上游的船只凿沉，避免了一场严重的灾难。[①]

到达宜昌以后，这里的混乱更加令他震惊。

长江两岸堆满了待运的机器设备，不少机器设备由于撤走时十分仓促，来不及装箱，都散落在地上，任凭日晒雨淋。

城内一下子挤进了3万多从全国各地撤下来准备入川的人员，他们中不少是教师、医生、工程师、商人和公务员。仅有2平方公里的狭小城区哪里有这么多房屋，很多人只好露宿街头。

各轮船公司办公室都塞满了为争抢运输而办理交涉的人员，所有的轮船公司一线员工都在全力处理纠纷，根本没有时间安排运输。到处充满火药味的责骂，管理机关责骂轮船公司，争运器材、争抢船票的人互相责骂，乱作一团。

越是艰难的时刻，越是能显出卢作孚的临危不乱。在这关键时刻，他运筹帷幄，当机立断，做出了力挽全局的决断。

他亲赴各码头视察，查看物资堆放情况，又登上轮船，检查轮船的性能、运载量和运行状况，做到心中有数。然后他来到各轮船公司，对那些争先恐后、喋喋不休、互相责骂的各单位负责人有礼貌且很坚决地

① 卢作孚：《一桩惨淡经营的事业——民生实业公司》，唐文光、李萱华等编《卢作孚文选》，西南师范大学出版社，1989年。

宜昌大撤退

说："请大家回去，明天早上我将在12号码头和大家见面，宣布撤退安排！"

人群渐渐散去以后，他立即召集各轮船公司负责人、驾引人员和宜昌港技术人员彻夜开会，紧急磋商运输问题。这是一个不眠之夜！会上，卢作孚认真分析了当时的形势，确定了以40天为期限，分段航行抢运物资和人员的计划，还确定了哪些轮船可以参加航行，各条轮船每天可以运出多少人员和物资，物资和人员运输的先后顺序，等等。

卢作孚以国民政府运输联合办事处主任的身份发出通告，以现有的运力完全可以在40天内完成人员和物资的运输任务。但是他强调，大家必须听从统一指挥，即所有的公司、轮船、码头只能听他一人调遣，各单

宜昌大撤退的重要节点——重庆朝天门码头旧影

位的人员物资撤离顺序一旦确定，必须坚决执行，服从指挥，什么单位什么物资什么时间上轮船，什么时间在什么地点卸载，要严格执行命令，决不允许自行其是。

第二天一早，他出现在12号码头，并信心十足地宣布了他的撤退计划。当听到他保证40天内撤离滞留在宜昌的全部人员和物资时，全场一片欢腾，不少人流下了激动的泪水。

四、“三段航行法”显神威

面对宜昌如此严峻的形势、如此混乱的局面、如此有限的运力、如此艰难的转运任务，卢作孚为什么还能如此胸有成竹，甚至向大家夸下海口，保证在40天里将全部滞留的人员和物资运出呢？其中一个关键的法宝就是民生公司创造的“三段航行法”。

“三段航行法”被卢作孚之子卢国纪称为民生公司创造的“长江上的三大奇迹”之一，是卢作孚和民生公司技术人员反复研究实践，保证长江航运畅通的创造性办法。

当时长江上游每年从12月初到第二年的2月末，就进入枯水期。此期间，长江水位大大下降，大一点的轮船都不能开进来，只能停航。历代以来都是如此，没有办法。但是，停航对于航运公司来说，意味着轮船闲置、经营亏损、人员失业；对于市场来说，意味着货运不畅，就意味着产品稀缺、物价上涨。

如果能保证长江枯水期间水位下降时轮船正常航行，那么就会产生巨大的社会影响和经济效益，一向敢想敢做的卢作孚决心尝试一下。

1936年，他指示民生公司的技术人员反复考察，认真试验，终于确定了枯水期间不停航的“三段航行法”，并从1937年开始执行。

“三段航行法”将长江上游宜昌至重庆的航线分为三段，即宜昌至庙河为第一段，庙河至万县为第二段，万县至重庆为第三段。根据宜昌至重庆的水位情况、险恶河段的水流情况，以及民生公司轮船的性能、吃水深浅、马力大小等情况，科学分配航行线路。轮船经过最为惊险的青滩时，利用岸上装的绞车，用两根乃至三根钢丝绳系住，帮助轮船绞滩通过。他们还专门组织了一个由有经验的驾引人员和起重人员组成的工作组住在青滩，协助轮船和领航人员过滩。就这样，民生公司创造了长江上游历史上有名的枯水季节三段航行的奇迹。

“三段航行法”这时正好发挥它的独特作用。

卢作孚胸有成竹地演示了他的计划：宜昌至重庆，去时溯江而上，要走4天，返回顺江而下需2天，来回一趟6天。除了最重要的物资和最不容易装卸的笨重、大型机器设备以及重要的军用物资可直接运往重庆，其他的物资全部按“三段航行法”办理。有的物资运到万县就返回；有的运到奉节、巫山、巴东就返回；有的甚至只运到三峡峡口就卸下，当天返回。到达重庆的船只，在卸下物资以后，满载出川抗日的士兵，再顺江而下。这样，航程缩短了一半或者一大半，从而赢得了宝贵的运力和时间。

鉴于三峡航段不能夜航，他要求各船尽量利用夜晚装卸，抢在白天航行。为了搬卸方便，他在三峡航线增设码头和转运站，临时增加雇工3000多人，同时征用民间木船850余只，运载轻型物资。另外，为了尽快抢送难民，他对客运舱实行“座票制”，将二等舱铺位一律改为座票，这就可以增加一倍以上的客运量。

同时，卢作孚再次强调，大家必须听从统一指挥，即所有的公司、轮船、码头只能听他一人调遣，要严格执行命令，决不允许自行其是!

10月24日，第一艘满载着物资和人员的轮船起航，开出宜昌港。几百名孤儿难童在卢作孚亲自护送下第一批上船。孩子们扒在栏杆上放声高歌，他们摇着小手向卢作孚告别的情景，岸边观者无不为之感动。

人们看到了希望，人心稳了，混乱的局面改变了。每天清晨，人们都会看到五六艘装满物资和人员的轮船离开宜昌，每天下午又有同样数量的空船开回宜昌。焦急的难民看到每天都有轮船进出，心终于可以安定一点了。不管是先撤还是后撤，40天内难民都可以坐上轮船，离开宜昌，因而局面终于平稳下来了。

为了争取时间，多装快跑，卢作孚要求轮船与码头密切配合，争分夺秒。这是一场与时间赛跑、与困难抗争的激烈战斗，卢作孚描绘道：

当轮船刚要抵达码头的时候，舱口盖子早已揭开，窗门早已拉开，起重机的长臂，早已举起，两岸的器材，早已装在驳船上，拖头已靠近驳船。轮船刚抛了锚，驳船即已被拖到轮船边，开始紧张的装货了。两岸照耀着下货的灯光，船上照耀着装货的灯光，彻夜映在江上。岸上每数人或数十人一队，抬着沉重的机器，不断的歌唱；拖头往来的汽笛，不断的呼号，轮船上起重机的牙齿不断的呼号，配合成了一支极其悲壮的交响曲，写出中国人动员起来反抗敌人的力量。

经过40天惊心动魄的抢运，奇迹果然出现了。“四十天内，人员早已运完，器材运出三分之二。原来南北两岸各码头遍地堆满器材，两个月后，不知道到哪里去了，两岸萧条，仅有若干零版铁抛在地面了。”

在宜昌大撤退中，民生公司发挥了主要作用。参与抢运的轮船当中，有22艘是属于民生公司的，另外2艘是挂法国旗的船只。这2艘外国船只，因为对战争持中立态度，拒绝载运抗战物资，只载运商品，而且每吨运费300~400元。而卢作孚的民生公司运送军工器材每吨只收运费30~37元，民用物资运费只收60~80元，只是外国船只运费的十分之一到五分之一。而对那些穷苦的难民和儿童，他分文不收，免费送到大后方。在国家危难时刻，卢作孚宁肯公司吃亏，也绝不发国难财，与外国轮船公司两相比较，顿见“血浓于水”之感情深切，卢作孚和民生公司也因此赢得了人们的崇敬和信任。

勳章證書
勝字第七八號
國民政府爲盧作孚在抗戰期間著有勳績特頒給勝利勳章
國民政府主席 蔣中正
中華民國三十四年十月十日

卢作孚因在抗战期间的卓越贡献获颁胜利勋章

整个宜昌大撤退中，民生公司的损失是巨大的。当时，敌机不间断地在峡江航线轰炸，民生公司的船队每天都有损失的消息传来：轮船、木船被炸毁，公司职员献出了生命。当时有人问卢作孚一年多来的经营状况，卢作孚回答道："这一年我们没有做生意，我们上前线去了，我们在前线冲锋，我们在同敌人拼命。"①据统计，在整个大撤退运输中，民生公司损失轮船16艘，公司职员牺牲116名，受伤致残61人。民生公司参加抗战抢运做出的贡献和牺牲精神，赢得了社会各界的广泛赞誉，总经理卢作孚因此被政府授予抗战一等一级勋章。

五、"东方敦刻尔克"意义大

宜昌大撤退的事迹后来被亲身经历者、卢作孚的好友、平民教育家晏阳初赞誉为"中国实业史上的敦刻尔克"，当时的媒体也称之为"东方敦刻尔克大撤退"。《大公报》著名记者徐盈评价道："中国的敦刻尔克撤退的紧张程度，与英国的敦刻尔克并没有什么两样，或者我们比他们还要艰苦些。"

敦刻尔克是法国东北部、靠近比利时边境的一个港口小城。1940年5月，英法联军防线在德国机械化部队的快速攻势下崩溃之后，英国首相丘吉尔发动了代号为"发电机计划"的大规模撤退计划。英国动员了861艘船，用9天时间将英法联军33.8万人撤回英国。这次撤退保存了英法两国军队的实力，为以后的诺曼底登陆战和大反攻创造了条件。如果没有这几十万的军队，第二次世界大战的胜利将会大大推迟，世界还会遭受更大的损失。但是，撤退中，英法联军不得不将重型装备全部丢弃，共丢

---

① 《新世界》卷141，1938年，第9页。

弃了1200门大炮、750门高射炮、6.3万辆汽车、7.5万辆摩托车、2.1万挺机枪及50万吨军需物资，还有4万人被俘。

但是，把宜昌大撤退和敦刻尔克大撤退相提并论，并不贴切。刘重来在《卢作孚画传》中评论道："宜昌大撤退发生在1938年10月，而发生在法国敦刻尔克城的大撤退却在1940年5月。也就是说，卢作孚指挥的宜昌大撤退比英国首相丘吉尔制定的代号为'发电机计划'的敦刻尔克大撤退早了一年半！先发生的历史事件却用后来发生的历史事件作比喻，似乎不太合适。"

也有人评论说，这两场大撤退尽管有很多相似之处，但也有不可比拟的地方。敦刻尔克大撤退是英国倾全国之力，在一个战争体制下进行的撤退行动；而宜昌大撤退仅是由一家民营航运公司来承担，由一个没有经历过战争的企业家来指挥的。

宜昌大撤退的成功，对于中国抗战意义重大。

首先，安全撤退到大后方的3万多精英成为大后方各条战线上的有生力量。从宜昌转移到后方的难民中，不少人是教师、医生、工程师、商人和公务员，是国内知识界精英，也是大后方急缺的人才。他们安全撤离，给后方的各条战线注入了有生力量，为抗战的胜利做出了各自的贡献。

其次，转运到大后方的大量战略物资保存了中国工业的基础。据统计，从宜昌大撤退抢运出的部分单位有兵工署第二十二厂、第二十三厂、第二十四厂、第二十五厂、陕西工厂、河南巩县工厂、河南汴州工厂，还有金陵兵工厂、湘桂兵工厂、南昌飞机厂、宜昌航空站、航委会无线电厂、航委会安庆站、扬州航空站、钢铁迁建委员会、上海钢厂、大鑫钢铁厂、周恒顺机器厂、天元电化厂、新民机器厂、中福煤矿、大成纺织厂、武汉被服厂、武昌制呢厂、武汉纱厂等，另有国民政府机关、科研机构、学校设备、珍贵历史文物等。这些工厂转运到大后方后，立即开始重建，为支援抗战胜利和后方建设做出了巨大的贡献，为四川和重庆的工业发展奠定了基础，促进了重庆成为长江上游的经济中心。

中央电视台《东方时空》栏目曾在为宜昌大撤退制作的专题节目中高度评价了宜昌大撤退的意义：

> 那些抢运入川的物资，很快在西南建立了一系列新的工业区，尤为重要的是以重庆为中心的兵工、炼钢等行业的综合性工业区，构成抗战时期中国的工业命脉。正是这些撤退运输到大后方的工矿企业成为抗战的坚强后盾，生产了大批枪炮，为前线的将士们提供了源源不断的杀敌武器，为战争的最后胜利，提供了有力的保证。而这一切，都归功于宜昌大撤退。

宜昌大撤退是中国抗战史中辉煌的一页，中华儿女借此赢得了相当宽裕的时间和空间，保留住了大批人才和机械物资，这是卢作孚在中华民族危难时刻立下的杰出功勋，应该永载史册。

宜昌大撤退结束后，撤退任务并未结束。1939年9月，日军兵分三路进犯长沙，湖南全境和广西告急，湘桂兵工厂所属3个厂的3万吨器材和兵工署的2000吨器材，都紧急撤退到宜昌，民生公司旋即将其抢运入

卢作孚纪念馆陈列的被炸毁的民生公司轮船上的船锚

卢作孚纪念馆陈列的被炸毁的民生公司轮船上的船舵

川。

1940年的上半年，民生公司又陆续从宜昌抢运了1.6万多吨器材到大后方。当年6月21日，宜昌沦陷。距敌军前锋不远的三峡平善坝、南沱、三斗坪一带，尚有最后一批兵工器材未运走，处在敌机空袭的威胁之下，卢作孚冒着空袭的危险，亲临现场，指挥船舶傍晚到达，连夜装货，天亮即开走，终于把最后一批兵工器材运走。

当日本侵略军踏进宜昌城时，这里几乎已是一座空城。后来日本军方在检讨武汉会战得失时，曾感叹道：“假定昭和十三年（1938）攻占武汉作战的同时就攻占宜昌，其战略价值就大不一样了。”他们把占领武汉但没有立即拿下宜昌当作军事上的一个重大失误。

六、全面抗战中的艰难岁月

在全面抗战的八年里，卢作孚带领民生公司，努力拓展后方航运，发展多种经济，支持陪都重庆，为抗战胜利积极努力。

当日军占领宜昌，切断长江航线以后，卢作孚带领公司，把开辟新航线作为主要任务。首先，他开辟了重庆到巴东、重庆到宜昌三斗坪的专线，确保川江航运的正常运行。宜昌沦陷后，巴东成为最临近前线的港口，也是湖北省政府迁入恩施以后出入的门户。三斗坪是战时宜昌专署的所在地，代替宜昌，成为战时的前方港口。为配合抗日前线的军需补给，国民政府修建了公路连接三斗坪和湘中、湖南，三斗坪成为这条水陆联动运输线的枢纽。这两条航线的开通，保证了后方与前方战略物资的连接和沟通，支援了抗战。

其次，民生公司还以重庆为中心，开辟了一些短途航线，活跃了后方的物资交流。尤其值得一提的是开辟了金沙江航线。金沙江沿线矿藏丰富，但是江水湍急，为了战时物资交流和人员往来需要，民生公司1941年试航宜宾至安边、屏山成功，随后在安边、屏山建立了码头。

除了水上运输，民生公司还积极开展水陆联运和水空联运。广州沦陷以后，大后方与海上的连接线被敌人切断，抗战所需物品只能从缅甸转运过来，国民政府为此修建了滇缅公路、滇川公路。民生公司派出得力人员在昆明设立办事处，专门协调联运工作，还购置了30辆汽车参与陆路运输，扩大运力。1942年5月，滇缅公路被切断，大后方与海外的联系进一步受挫。在反法西斯力量的支持下，中国和盟军开辟了驼峰航线，开展中印空运。空运主要由美国空运大队承担，以印度的汀江为起点，我国的昆明、重庆、宜宾、泸州为终点，每月的运量是2400吨。进口的物资多为兵工、通信、工业器材，出口物资为四川的钨砂、桐油、猪鬃等地方产品。这条水空航线一直持续到抗战胜利。水路转运任务基本以民生公司为主。

民生公司在保证抗战运输的经营决策下，不断开辟新航线，组织联运业务，公司规模也不断壮大。据当时官方统计，1939年民生公司拥有轮船116艘，而抗战前只有48艘，船只总吨位也增加了2倍以上，公司附属企业和投资企业也有很大的发展，有职工近8000人。

卢作孚创立民生公司之初，就没有把公司限定在航运这一块上，而是要建立以航运为主，多种产业共同发展的企业集团，因而命名为民生实业公司。全面抗战时期，卢作孚带领民生公司积极扩大后方生产，凡是抗战需要、群众需要的产业，都是民生公司可以进入的领域。据统计，这个时期民生公司的附属产业和投资产业有70多家，重点方向在采煤、机械、冶炼、纺织、商贸、建筑、金融等项目上。这些附属产业和投资产业的发展壮大，在一定程度上支持了陪都的经济，支援了抗战胜利。

民生公司众多附属产业当中，尤其值得一提的是民生机器厂。它是民生公司最大的附属企业。它创办于1928年，最初的名称是“民生修理厂”，是为修理民生轮船而设立的，其启动经费很少，仅小屋1间，车床4部，刨、钻床各1部，发动机1部，职工只有十来人。可以说，民生机器厂在其早期发展阶段，仅为民生公司附属的船舶修理部门而已，对外部市场的参与度不高，甚至因为产能有限而谢绝外来订单。如1932年民生机器厂的制造收入，对外收入仅为对内收入的十分之一，这反映了民生机器厂的特性。

1933年，民生机器厂购买了地皮，新建了翻砂间，购买了龙门大刨床等新设备，生产设备总数达30部，动力设备则有7部共52匹马力，职工总人数亦增至165人。

尽管有了一定的发展，民生机器厂的扩展还主要是因为母公司民生公司的扩张，直到全面抗战前，民生机器厂仍然没有摆脱修配厂的性质。之所以如此，主要还是西南地区工业基础薄弱和人才的匮乏。民生机器厂从1933年开始招收学徒，对其进行半工半读的教育，这些人才后来成为民生机器厂的技术骨干和中层管理人员，但是，这种速成性质的教育，因为时间有限，还不能取得质的提高。

民生机器厂真正实现质的飞越，仰赖于全面抗战以后大量企业和技术人员的内迁。一大批东部地区的工业企业为避免沦于敌手，向西南和西北地区搬迁转移。其中机械制造类企业为数众多，约占内迁企业总数的40%。与此同时，一批工程师和技术工人来到西部地区。这时，民生机器厂与来自武汉的周恒顺机器厂合营，聘请周恒顺机器厂厂长周茂柏担任厂长，吸纳了一部分江南造船厂技术人员，技术和设备的联合，民生机器厂才转变为一个真正意义上的机器制造厂。

到1939年，民生机器厂厂房扩建到31万平方米，总资产达到590万元，职工3000多人，成为战时后方最大的民营机器制造厂。在“一切为

民生机器厂生产车间

了抗战”的生产方针指引下，民生机器厂不仅保证了民生公司的轮船修理和改造任务，还在1939年至1943年的5年间，建造15艘新船，承担后方大型锅炉、水电机、发电机的制造与安装，成为战时后方机器工业的基地。

除领导民生公司外，卢作孚还为后方的粮食供应做出了巨大贡献。1940年7月，卢作孚还被委任为全国粮食管理局局长。全国粮管局是一个新成立的机构，是为了应对战时全国粮食供应困难而设立的。当时，在抗日前线，尤其是湖南的前线，军粮供应困难，已经到了即将断粮的地步。粮草关系到战争的胜败，卢作孚深感这个责任重大，像开展宜昌大撤退一样，他又一次积极地挺身而出。

卢作孚经过考察后发现，造成这次粮食供应不上的原因，既不是天灾引起的粮食减产，也不是农村缺少存粮，而是管理粮食的层层官吏互相推诿，不想办法也想不出办法将分散在全国各地的粮食集中起来。很明显，这是一个运输问题。于是，卢作孚充分发挥他的数学特长，制定了一个转运粮食的“几何计划”。

这个计划的要点是，将各个没有公路的偏僻地区的粮食，先用人力运送到邻近的公路或水路边上一些特定的点集中起来，然后将这些点集中的粮食用汽车、板车或船只运送到县城的粮仓中。这样，就缩小了运输和管辖的范围。

这个行动是卢作孚亲自制定并亲自指挥执行的，任务繁重，卢作孚非常焦心，也非常忙碌。据卢作孚的儿子卢国纪《我的父亲卢作孚》一书回忆：他“每天晚上回到家里，不停地对着听不清楚的长途电话喊叫，询问各地运粮情况，发出各项工作命令，指挥粮食购买和抢运工作的进行，直至深夜，甚至通宵。他的嗓子嘶哑了，他的身体更加衰弱了”。

粮食运输问题在卢作孚的指挥下，在后方军民加班、肩挑背扛下终于解决了。但是，卢作孚自己病倒了。1940年年末，卢作孚的健康状况日益恶化，出现了脉搏间歇跳动的征兆。1941年，全国粮管局改为粮食部，蒋介石委托张群连续三次敦请卢作孚出任部长，卢作孚均以健康欠佳为由拒绝。

1941 年 8 月，成都，时任交通部次长、粮管局局长的卢作孚与长子卢国维（右）、次子卢国纪（左）合影

1942年年底，卢作孚经过认真思考，请辞交通部常务次长。这时，他面临的更大问题是民生公司的经营陷入了极大的困境。他要抽出时间，全力挽救公司危局，使其能在抗战中撑下去，继续为国分忧。1943年5月，他再次上书固辞，才得到批准。此后，卢作孚没有担任过任何政府官职，专心经营民生公司的事业。

全面抗战爆发以来，民生公司的事业虽然得到很大的发展，但是却承受了巨大的损失。从1939年起，日军战机就开始空袭川江轮船，之后越来越频繁。民生公司航行于万县以下的轮船，曾多次遇袭。民生公司最大的一艘轮船“民元”号，就是日机第一次袭击中被炸沉的。1941年8月22日，“民俗”号运送军粮到三斗坪，回程时候遭到日机轮番轰炸，不幸被炸沉。船上160名伤兵、20名旅客和70名船员丧生，这是民生公司在抗战中伤亡最为惨重的一次。

整个全面抗战时期，民生公司的轮船被炸沉9艘、炸损7艘，绝大多数都是川江上的主力轮船。轮船在担任军运任务时，意外沉没5艘。这些损失，使得川江上的运力比战前大幅度减少。

除此之外，民生公司在抗战中所承担的另外一种极其重要的牺牲，

民元轮

就是大后方物价飞涨给公司带来的严重经济损失。

全面抗战期间，国民政府曾对轮船客货运费进行了最高限价，限价对于民生公司的影响非常大。因为民生公司的体量庞大，在限价当中所遭受的损失也远比其他公司大得多。

卢作孚说："例如今天钢板的价钱，超过战前千倍以上，圆条超过战前三百倍以上，柴油超过战前三百倍以上，机油超过战前二百倍以上，煤超过战前一百二十倍乃至一百六十倍，其他物价无不超过百倍余乃至数百倍，唯有轮船票价平均仅等于战前四十余倍，加上更苦难的差运，遂使轮船公司收入支出失其平衡，尤以民生公司为甚。"

作为一个民营企业，在执行战时任务时，承受一定的损失是在所难免的，但是，公司要靠经济规律才能生存。抗战后期，大后方通货膨胀严重，政府的补贴形同虚设，造成的亏损缺口越来越大。1939年，民生公司出现第一次亏损，刨除货币贬值因素，当年亏损36.5万元，此后连年亏损，直到抗战胜利后才得以缓解。这些亏损怎么办？只有民生公司通过降低成本、拓展经营来内部解决，这当中还包括压低所有人员的工资——这是很容易引发不满又没有办法回避的劳资矛盾。

已经身体欠佳的卢作孚为此心力交瘁，1943年他写了一本小册子，介绍民生公司创立的过程和面临的困境，称之为《一桩惨淡经营的事业》！"惨淡经营"，形容得何其悲凉！

20世纪三四十年代，在内忧外患之中，一批先进的知识分子有感于乡村的落后，纷纷走进田间地头，开始了一场规模庞大、持续时间长、牵涉面广、影响深远的乡村建设运动。不少留洋博士、知名教授和乡贤人物认识到国民经济完全建筑在农村之上，农村对国家的经济、政治、文化具有决定性意义，认为“农村破产即国家破产，农村复兴即民族复兴”，纷纷放弃城市的优厚待遇和悠闲生活，深入田间地头，深入深山茂林，甚至携家带口，来到偏僻的乡村安家落户，身先士卒地在村民中开展读书识字、革除陋习、职业教育、村民自治等教育活动。这与其说是一场建设运动，不如说是一场民众教育运动。当时在华北、华东、华南的十多个省、几十个县和成百上千个乡村展开，参加团体达600多个，试验点达1000多处。声势浩大，在社会上也产生了广泛的影响，被称为“乡村建设运动”。

这场乡村建设运动的几十个县和成百上千个乡村主要集中在交通相对发达、信息相对通畅的华中和华东地区，但是谁能想到，在交通不便、相对闭塞的中国西南一隅的嘉陵江三峡地区，也在开展着一场轰轰烈烈的乡村建设运动。它没有梁漱溟、晏阳初领导的乡村建设运动那么显眼和备受社会关注，但它却是民国时期中国众多乡村建设实验中持续时间最长、成就最为突出的一个。它的主持者，就是卢作孚。

从1927年卢作孚就任北碚峡防局局长，在北碚开展嘉陵江三峡乡村建设实验开始，到1949年，卢作孚领导的嘉陵江三峡乡村建设试验持续了22年。他将北碚从一个“经济落后、交通闭塞、盗匪横行的乡场”变成了一个拥有煤矿、铁路、医院、图书馆、运动场、平民公园、博物馆、动物园、报馆、科学院、研究所、大学的花园城市、科学文化之乡，卢作孚因此被称为“北碚之父”。

一、早存乡建大志

1927年2月15日，卢作孚出任民生实业公司总经理才半年，又被刘湘任命为“江（北）、巴（县）、璧（山）、合（川）四县特组峡防团练局局长”，因局址设在北碚，又称“北碚峡防局”。自此，卢作孚开始了萌生已久的大志——社会改革的第二个实验，即在北碚推行乡村建设运动。

说来奇怪，北碚峡防局并不是一级政府机关，而是一个特设的机构，它的职责是剿匪。原来，四川军阀割据，嘉陵江三峡沿线土匪猖獗，各乡各镇本有民团，但大多不能或不愿跨区划追击剿匪。于是，当地按华蓥山剿匪机构山防局的模式，组建了跨行政区划的峡防机构，并逐步完善，便于追击围剿。1916年，川东道尹王陵基组建峡防营，负责从合川沙溪庙起，到巴县磁器口止，嘉陵江上下45公里、两侧30公里范围的48个乡场的剿匪事宜。营部设在了北碚场。1919年，改称峡防司令部，下辖3个峡防大队，共12个中队。峡防司令部前后有吴象痴、卢尔勤（卢作孚三弟）、秦汉三任过司令。1923年，受21军军部命令，改组为嘉陵江三峡地区江巴璧合四县特组峡防团务局，简称峡防局，或峡局。胡南先为局长，熊明甫为副局长。

此时的峡防局，是一个治安联防机构，只负责剿匪，并没有行政、人

20世纪30年代的嘉陵江温塘峡口金刚碑码头

事、司法权力，也不是一级地方政权。但是管辖范围巨大，囊括了约48个场，地位比乡镇高，同时在干洞子、北碚、盐井溪3个地方设了捐卡，对上下货船收峡防捐作为峡防局的经费。峡防局有地方和经费支撑，这就给卢作孚开展乡村建设提供了空间。后来，卢作孚正是运用了北碚峡防局的广阔天地和经费，加上民生公司的支持，开创了一场轰轰烈烈的乡村建设事业。

有不少著作包括卢作孚本人的回忆都认为，卢作孚就任的是江巴璧合四县特组峡防团务局局长，但是张守广考察重庆档案馆档案后，认为准确的说法应是江巴璧合四县特组峡防团练局局长，1927年5月才改称“江巴璧合四县特组峡防团务局局长”。[①]

有学者认为，卢作孚是1927年在北碚就任团练局局长后才萌发乡村建设之志的，事实上并非如此。早在两年前，他已经有此志向，并开始付

① 张守广：《卢作孚年谱》，中国社会科学出版社，2014年，第116页。

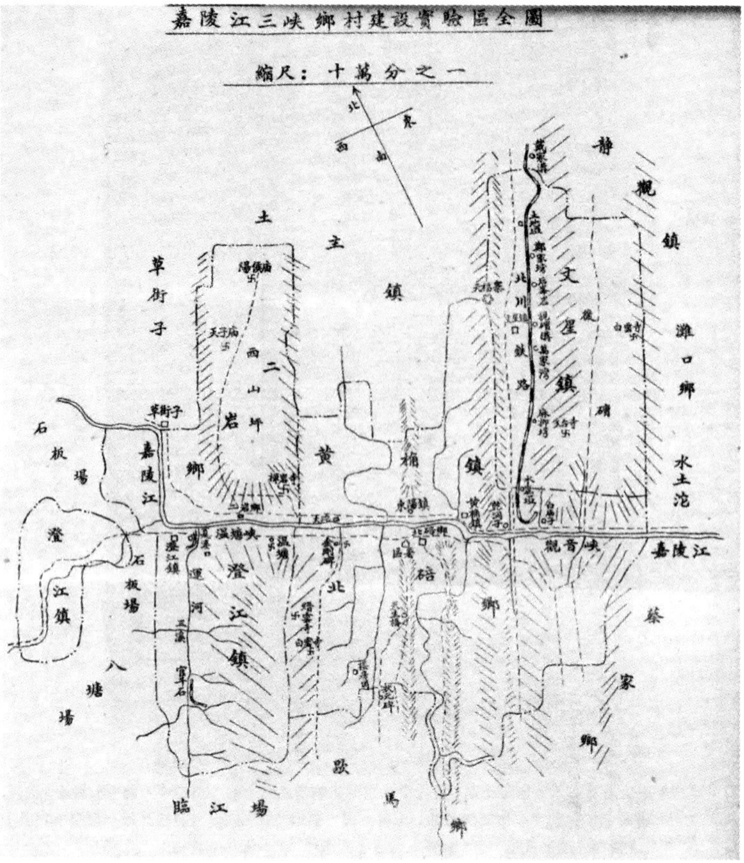

嘉陵江三峡乡村建设实验区全图

诸行动了。

1925年8月，卢作孚在成都进行社会改革的第一个实验——创办通俗教育馆。开展民众启蒙运动遭到失败后，回到了合川老家。经过两次教育改革的失败，卢作孚认识到，依靠地方实力派进行社会改革不可靠，要依靠民众，唤醒民众，救国图强，要寻找新的出路。

在家乡，卢作孚并没有因为事业上的屡次失败而受到冷落。相反，家乡的亲人、同学、朋友对他更加热情，纷纷争着请他吃饭。接连许多天，他都是在甲家吃了饭，便被请去乙家，乙家吃了午饭，又被请到丙家。家乡人的热情和真诚，让他十分感动，也让他萌生出了要为家乡做一点事情的想法。这时，一场席卷全国的乡村建设运动已经在华北开展起来，卢作孚也想在家乡开展乡村建设事业。

没有调查，就没有发言权。卢作孚利用空闲时间，对合川和整个嘉陵江三峡地区的社会环境和自然资源进行了一次实地调查，写下了《两市村之建设》，提出了开发合川和嘉陵江三峡的设想。其主要内容有：一、建设合川县城南岸市村，以实业经营为基础发展社会事业，并扩展到附近乡村。二、经营嘉陵江三峡地区林矿业，并从自治、教育、经济、游览等方面经营和建设峡区村落。卢作孚认为，嘉陵江三峡地区不仅风景秀丽，而且自然资源丰富，尤其是合川，位于嘉陵江、衢江和涪江交汇处，不仅是交通要道和货物集散地，而且这一带地势平坦，区域广阔，土地肥沃，是开展乡村建设的好地方。这篇文章应该是卢作孚从“教育救国”转向“实业救国”后的第一篇方案性文章，其中就包含了他乡村建设的最早构想。

卢作孚的《乡村建设》（图为 1933 年 5 月第三版）

后来，卢作孚在乡村建设方面又发表了《乡村建设》《四川嘉陵江三峡的乡村运动》《四川人的大梦其醒》《怎么样做事——为社会做事》《中国的根本问题是人的训练》等文章，其乡村建设理论更加丰富和完善。

这说明，早在出任北碚峡防局局长之前，卢作孚就有志于嘉陵江三峡乡村建设，而且有了详细的规划。这就是他为什么答应出任北碚峡防局局长的原因了，在这里他有了施展乡建大志的平台，只不过把乡村建设的地点从家乡合川改为邻近的北碚了。

二、就任北碚峡防局局长始末

卢作孚担任北碚峡防局局长的时候，北碚还是一个匪患横行的地方。十来年时光，几任地方官不能说不认真剿匪，但推行的政策总有这样那样的问题。吴象痴杀戮太多，被起了“屠夫”的绰号；胡南先，60岁了还亲自率队剿匪，结果，峡区除了北碚不再是土匪窝子，周围的匪患并没能肃清，没有根本的成效。

尽管如此，峡防局地处嘉陵江三峡水陆交通要道，军阀们为了扩充势力，争夺地盘，还是都想霸占这块地方。当时，驻合川、武胜、铜梁、大足的是二十八军军长陈书农，驻巴县、江北、璧山的是二十一军军长王陵基，两人都想安插亲信执掌峡防局，争执不下。

这时候重庆的驻军长官，是杨森昔日的上司、今朝的对头——四川善后督办，曾任二十一军军长的刘湘。刘湘虽然后来支持卢作孚统一川航航运，并委任他为川江航运管理处处长，但是此时，他对卢作孚还是缺乏了解。这时，北京大学毕业的何北衡（任巴县县长）、刘航琛（任二十一军财政处处长）等好友对卢作孚的了解也日渐加深，他们积极向刘湘推荐卢作孚。

何北衡（1896—1972），四川罗江（今德阳市罗江区）人，1924年毕业于北大法律系，毕业后回到四川，活跃在政界和商界，后来曾担任四川建设厅厅长和水利局局长，对抗战时期的四川水利建设做出了巨大贡献。新中国成立后，任水利部参事室参事、全国政协委员。

刘航琛（1896—1975），四川泸县人，生于一个酿酒世家，1923年毕业于北京大学经济系。毕业后回川创办实业，1927年被王陵基任命为重庆铜务局事务所所长，因扭亏为盈而名声远播，后被刘湘赏识并引为高级幕僚，任二十一军财政处处长。刘航琛上任后，一改军阀强索硬派的封建掠夺，采取“加重税捐、争取盐税、整顿特税”之方法，以求“苛而不扰”，广收厚利，从财政上有力地支持了刘湘统一全川的梦想。1936年，他任四川省财政厅厅长，长期奔走于重庆与南京间，协调刘湘与蒋介石的关系。1941年后，他任国民政府粮食部特派员、政务次长兼四川粮食储运局局长。1949年，他任国民政府经济部部长。1975年，他逝世于台北。

在他们的积极推荐下，刘湘对卢作孚的了解也日渐加深。1926年，刘湘曾开办军事研究所，以黄埔军校为蓝本大规模培训连以上的军官，聘任的政治教官只有两位：一位是重庆卫戍司令部顾问刘航琛，另一位就是卢作孚。1927年年初，第一期学员培训结束，刘湘在重庆川东粤菜馆宴请教官。入席时，刘湘坐主位，左右两边尊位留给了卢作孚和刘航琛。但是，当天卢作孚因为忙于事务没有赴宴，刘湘就令首席席位始终空着，以示尊重。可见，川军虽然派系林立，但是对卢作孚，他们是一致看重的。

1926年，合川县乡贤耿布诚（民生公司创办人之一，曾任民生公司董事长）、江北县士绅王序九等人建议让既孚众望又有才干的局外人卢作孚负责可也，原局长胡南先以“年事已高，精力不济”为由辞职可也。

乡贤是中国古代乡村社会中的领袖人物，拥有很高的声望，也得到了官府的重视。明朝时期，朝廷认为“生于其地，而有德业学行著于世者，谓之乡贤”。虽然从秦朝开始，中国历朝历代都是在追求大一统，在地方推行郡县制，但是仅仅将政权建立在县一级，对于广大的乡村治理，则是完全交给了生活于乡村的乡贤。乡贤都是地方上有人望的人，他们依靠宗法和人望来管理广袤的乡村社会。这实际上就是皇权和宗法权结合起来的一种较为宽泛的统治，这也导致朝廷统治依赖于广泛的乡贤支持，如果没有乡贤们的支持，官府统治就根本没法有效治理广大的乡村！

卢作孚是一位有理想、有能力、有才干的人，在泸州、成都开展民众教育卓有成效，在合川刚刚创办的民生公司、电灯厂、自来水厂受到当地民众的热烈欢迎，受到地方乡贤的拥护，也深受当时四川军政领袖人物刘湘、杨森赏识。在这种情况下，由他出任北碚峡防局局长，陈、王二人自然无话可说，于是他们接受了耿布诚、王序九等人的建议，由卢作孚出任北碚峡防局局长，驻北碚。

三、化匪为民　寓兵于工

1927年2月15日，卢作孚带着四弟卢子英来到北碚，正式就任北碚峡防局局长，远在成都的三弟卢尔勤也前来相助。卢尔勤在杨森麾下任职，1923年川军第二军杨森部占据重庆时，曾任北碚峡防司令部司令。卢尔勤的到来，在军事上给卢作孚提供了有力支持。卢子英则是广州黄埔军校第四期学员、社会主义青年团团员，参加过东征战役，后来成为卢作孚北碚乡村建设的得力助手。

就任北碚峡防局局长之前，卢作孚心中已经绘就了一个伟大的蓝图。他的理想，要赶快“将北碚这个乡村现代化起来，以供中国小至乡村，大至国家的经营参考”[①]。他就任不久，就提出了响亮的行动口号：“打破苟安的现局，创造理想的社会。”“建设是破坏的前锋，建设到何

① 卢作孚：《四川嘉陵江三峡的乡村运动》。

卢作孚（右）与卢子英（左）

处，便破坏到何处。”“造公众福，急公众难。”[①]

这是一个伟大的理想。但是北碚峡防主要的任务是清剿土匪，而且，匪患不除，没有安定的环境和有秩序的社会，哪里有建设的可能，更遑论乡村的现代化！他说：“社会不安宁，绝没有安宁的个人和家庭。”“要让地方安宁，必须使匪不安宁。”卢作孚上任以后，立即制定了一套峡区治理匪患的根本之策——政治帮扶为主、军事进攻为辅的方针。

军事方面，他就任以后采取了主动出击、以攻为守的方针。一方面整顿组织，训练士兵。另一方面，加强宣传教育，广泛动员群众，展开肃清匪患工作。凡是土匪，无论远近，不分昼夜，快速出击，绝不手软。他多次不顾安危，身先士卒，率领峡防局士兵上山下乡追剿土匪，不仅使土匪活动受限，更使得他们无处藏匿，峡区土匪闻风丧胆，落荒而逃。

政治方面，他采取了鼓励自新、化匪为民的方针。出身贫苦的卢作孚很清楚，这里土匪虽然很多，但是除了少数匪首，大部分都是贫苦的农民。贫苦的农民之所以为匪，也是生活所迫。他在《四川的问题》一文中说：“试溯盗匪之源，实皆为衣食所迫，无业可作，铤而走险，以冀生

① 高孟先：《卢作孚与北碚建设》，《文史资料选辑》第74辑。

存，岂生性使然？亦不得已也。”对于那些受到匪首胁迫，或者受到地主盘剥，才铤而走险的农民，只要他们放下刀枪，愿意洗手不干、改过自新，就给予活路。属于本地的回乡安置，外地的给予返乡路费。他还亲自出面，或者派人上门，做土匪的感化工作。

有一次，一个著名的匪首被抓，峡防局的士兵有人认出他来了，但是他拒不承认。大家都无计可施，卢作孚决定亲自审问。他让士兵把那匪首押到他面前，然后不动声色，猛然大喝一声那个匪首的名字，那匪首竟然大声回答：“有！”谎言一下子被揭穿了。经过卢作孚的悉心教育，那匪首不仅承认了自己的身份，而且决心改过自新，并且还劝说其他的土匪走上了改过自新的道路。

卢作孚治理土匪，不仅注意区分匪徒，还注重去其根本。土匪多来自游民、散兵。当时，一些农民失去土地，没有工作，四处游荡，称为“游民”。他们无法生存，难免干出偷鸡摸狗甚至抢劫的事情，面对此情况，卢作孚要求注意搜寻游民并对他们加以职业训练，给予工作。

峡防局士兵打草鞋

峡防局官兵修建平民公园道路完工留影

卢作孚发现，峡防局有500名士兵，这些士兵除了外出剿匪和训练，平时无所事事，游手好闲。天长日久，难免有些士兵心生歹意，四处骚扰百姓，形成新的匪患。这些士兵，有的原是辖区贫苦农家子弟，即使退役，也无田可耕，无房可居；有的是从其他军队里面转过来的散兵游勇，除了扛枪吃饭外，一无所长。处理好他们的问题，有利于根治匪患。于是，卢作孚提出了“寓兵于工”的方针，将这些士兵组织起来，进行知识和技能的学习和训练。这样既可以为峡防局创造社会财富，又可以保证他们学得一技之长，解决退役后的生活问题。

卢作孚拨出专款，购买织布机、织绳机、缫丝机以及一些简单工具，在峡防局所在地庙嘴，办起了织布、缫丝、打草鞋、印刷、修枪械等小作坊。他要求峡防局成立工务股管理这些小作坊，每个队都成立工艺部，利用官兵军事训练和剿匪之余，开展生产。这些小作坊都位于峡防局所在地庙嘴，因此被当地人称为“庙嘴工场”。

峡防工务股和庙嘴工场的发展非常迅速，仅就织布而言，最初只有4架织布机，后来发展到6架，又增设染厂，可容纳士兵40多名，渐渐发展成为著名的三峡染织厂。1938年以后，与内迁的常州大成纺织染公司、汉口隆昌染织厂合并组建成新的大明纺织厂，成为大后方最重要的纺织企业之一。不少退役的士兵在峡防局学会了技能，退役后来到织布厂谋得了新工作。

当时，峡区和全国其他很多地方一样，有一些烟馆、赌场、妓院等场所，军阀或明或暗地背后操纵，大肆捞取钱财。卢作孚认为，抽大烟、去赌场、进妓院等陋习也会让一些人陷入迷途，造成游民。卢作孚到任以后，对这些场所坚决加以取缔。

在卢作孚的整治下，北碚的社会风气明显好转，匪患终于得到了有效治理，一个安宁的社会秩序建立起来了。这样，卢作孚就可以放手来进行乡村建设了。

峡防局官兵训练

四、第一篇文告——修建嘉陵江温泉公园

在重庆北碚缙云山下，嘉陵江畔，有一颗熠熠生辉的明珠，它就是著名的重庆北温泉。北温泉清代即有“重庆第一泉”之美誉。南朝刘宋景平元年（423）在这里建造温泉寺后，历代文人骚客不绝，唐代诗人司空图、北宋理学家周濂溪都曾来游。元宪宗蒙哥率兵久攻合川钓鱼城不下，至城下督战时被炮火击中，送至温泉寺，崩殂于寺中。一千多年来，温泉寺誉为名胜，香火不断。到清末民初，土匪聚峡区，温泉古刹为盗匪所盘踞，乳花洞更是沦为土匪杀人弃尸的魔窟。卢作孚初到这里时，看到的温泉寺仅存破庙，杂树丛生，野草遍地，稍有平坦去处，均开成了稻田。清清的泉水，散流于凄凉阴森的乱石杂草之中。卢作孚双手拨动着温暖柔和的汤泉，脑子里顿时闪现出一个念头：多么青的山，多么绿的水，要是在这里开辟个公园该多好呀！

卢作孚主持修建的北碚平民公园

1927年4月，卢作孚出任北碚峡防局局长不到3个月，发布了第一篇文告。有意思的是，这篇文告不是剿匪的，而是《建修嘉陵江温泉峡温泉

公园募捐启》。文告中，卢作孚有感于温泉之“天然胜景，绝少游踪”，“闻者徒增向往之忱，过者弥切引领之憾”，意欲利用嘉陵江和缙云山风光以及古迹、交通资源等，建设一个遍布亭台楼榭的温泉公园，以吸引国内乃至国外的游客来北碚旅游：

> 学生可到此旅行，病人可到此调摄；文学家可到此涵养性灵；美术家可到此即景写生；园艺家可到此讲求林圃；实业家可到此经营工厂，开拓矿产；生物学者可到此采集标本；地质学者可到此考察岩石；硕士宿儒，可到此勒石题名；军政绅商，都市生活之余，可到此消除烦虑。人但莅止，咸有裨益。

文告发出后，卢作孚向温泉寺住持隆素和尚租用温泉寺庙地及其周围庙产为基地，借用峡防局四十元公款为经费，亲自率领峡防局职员、士兵三十人，住于温泉寺中，辛勤劳作，开建公园。他亲自设计园林布置，亲自指挥工程施工，一住便是三个多月，每天开荒整地，筑路修池，栽花植树，营造亭阁。首先迎流砌池，名曰千顷波。后又挖田修塘，命名爱莲池。后来峡区匪情收敛，又先后调来峡防局常备队两个中队，几乎调动了峡防局所有的士兵，住园参加建设。

在卢作孚和峡防局士兵的努力下，原来杂草丛生、颠簸不平的杂乱之地很快就被开辟出来了一个景色秀丽的公园。对卢作孚的这一壮举，人们开始并不理解，认为他不务正业，是一位“不靠谱”的局长。但是公园建成以后，立即引来了附近乃至全国的游客来此参观游玩，游览者对此赞不绝口。著名植物学家胡先骕1933年在《独立评论》中赞叹道：“其（卢作孚）所创办之温泉公园，竟使盗匪庋藏肉票之魔窟，一变而为重庆附近最美丽之避暑区域。”

为了吸引各界人士捐款，卢作孚四处奔波，争取军阀和当地乡贤的支持，几年中得捐款三万余元。他还别出心裁，在募捐中针对不同对象，采取不同办法，取得了巨大的成效。他发现陈书农愿留名于此，便劝说他捐献巨款，在园中心修建一幢别墅，取名“农主”；郑东琴只捐两百元，则就其金额，修建小巧玲珑的茅舍一幢，取名“琴庐”。范绍增常到缙云山打猎，往返下榻北温泉时，喜欢同江北士绅打牌赌钱，卢作孚乘机动员他们将赢的钱捐献给公园。数帆楼就是用这笔款建造的。合川吴瑞符信神，自称慈善家，卢作孚便登门拜访，劝他捐款整修温泉寺。吴很高兴，他除自捐一百元外，并外募了数百元。卢作孚用四个月的时间，让温泉寺殿宇焕然一新。庙内的佛像，也重上金身，金碧辉煌，有如初塑。如此，历时仅两年多，公园便初具规模。楼台亭榭，星罗棋布。公园浴室、游泳池、旅舍、餐厅兼备，还开辟了乳花洞、兰谷、小庚岭、爱莲池、戏鱼池等游览区。新建了数帆楼、农庄、磬室、竹楼等，修整观音殿两侧的僧舍。亭榭建筑除园内建起了菱亭、听泉亭、瓢亭外，还在后山修建了畅晚亭、白鸟亭、飞来阁。站在飞来阁，可远望上下峡门，俯观全园风景。细数江帆，足助吟思。到全面抗战前夕，北温泉公园就有“重庆的北戴河”之美称了。

20 世纪 30 年代的北碚温泉公园

1922年，任陕西靖国军总司令的于右任兵败离陕，只身入蜀，曾到过北温泉。当时北温泉杂草丛生、庙宇破败、满目荒凉，已成为土匪的啸聚之地。17年后，即1939年，他重返北温泉，没想到昔日土匪啸聚之地，如今已经变成亭台楼榭之游览胜地。他登上亭台，俯瞰嘉陵江，突见白鸥掠空而过，不禁百感交集，吟诗一首：

当年日落停桡，一浴荒山野庙。

重来小坐江天好，绿水青山白鸟。

这首诗也成为北温泉公园十余年间变化的真实写照。

五、北碚的乡村建设思想

卢作孚认为，他一生中进行的社会改革试验有三个：第一个是在成都办的通俗教育馆；第二个是北碚乡村建设；第三个是民生实业公司。其中，成都通俗教育馆历时很短，且随着军阀的兴衰而昙花一现，最有成效和最有影响的是第二个和第三个。所以，卢作孚先生有两个响当当的名号：“北碚之父”“中国船王”。

1927年5月，卢作孚就任峡防局局长3个月之际，峡防局召开峡防团务大会，卢作孚在会上提出了建设嘉陵江三峡的三项方针：化匪为民、寓兵于工、建设三峡，“要把三峡经营成为一个灿烂美好的乐土，影响到周围的地方，逐渐都经营起来，都成为灿烂美好乐土”。这得到了与会的军政首脑和地方士绅的嘉许。自此，峡防局在剿匪的同时，开始在“乡村运动”“乡村建设”名义下大张旗鼓地从事各项乡村建设事业。

卢作孚后来回忆自己开始乡村建设的初衷时说道：

因为纷乱的政治不可凭依，我们从社会上作第二个试验了，以嘉陵江三峡为范围，以巴县的北碚乡为中心。始则造起一个理想，是要将嘉陵江三峡布置成为一个生产的区域，文化的区域，游览的区域。[1]

1937年出版的《北碚》嘉陵江三峡乡村建设实验区署成立周年纪念专号

卢作孚将这一运动分为三个主要方面：第一是建设新的经济事业，第二是创造教育文化事业，第三是建立社会公共事业。

因为这里有丰富的煤产，可以由土法开采进化而机器开采；为了运煤可以建筑铁路；为了煤的用途可以产生炼焦厂；用低温蒸馏可以产生普通用焦，电厂用的瓦斯，各种油类及其他副产品；两个山脉的石灰岩石，山上山下的黄泥，加以低廉的煤炭，可以设立水泥厂；为了一个山脉产竹长亘百余里，可以设立造纸厂；为了许多矿业、工业、交通事业的需要，可以成立电厂；如果在那山间、水间有这许多生产事业，可以形成一个生产区域。

以职业的技能，新知识和群的兴趣的培育为中心，作民众教育的试验；以教生产方法和创造新的社会环境为中心，作新的学校教育的试验；以调查生物——地上的出产、调查地质——地下的出产，又从而分析试验，作科学应用的研究；并设博物

① 卢作孚：《建设中国的困难及其必循的道路》。

馆、图书馆、植物园、动物园以供参考或游览。如果在那山间、水间有这许多文化事业，可以形成一个文化区域。

凡有市场必有公园，凡有山水雄胜的地方必有公园，凡有茂林修竹的地方必有公园，凡有温泉或飞瀑的地方必有公园，在那山间、水间有这许多自然的美，果加以人为的布置，可以形成一个游览区域，这便是我们最初悬着的理想——一个社会的理想。①

1934年10月，卢作孚在《四川嘉陵江三峡的乡村运动》一文中，进一步发展了上述思想，为北碚的乡村建设设计了一个“现代化”的建设蓝图：

我们如何将这一个乡村——嘉陵江三峡现代化呢？请看将来的三峡：

经济方面：

一、矿业有煤厂，有铁厂，有磺厂。

二、农业有大的农场，有大的果园，大的森林，大的牧场。

三、工业有发电厂，有炼焦厂，有水门汀厂，有造纸厂，有制碱厂，有制酸厂，有大规模的织造厂。

四、交通事业山上山下都有轻便铁道，汽车路，任何村落都可以通电话，可通邮政，较重要的地方可通电报。

文化方面：

一、研究事业注意应用的方面，有生物的研究，有地质的研究，有理化的研究，有农林的研究，有医药的研究，有社会科学的研究。

---

① 卢作孚：《建设中国的困难及其必循的道路》。

二、教育事业学校有试验的小学校，职业的中学校，完全的大学校；社会有伟大而且普及的图书馆，博物馆，运动场和民众教育的运动。

人民：皆有职业，皆受教育，皆能为公众服务，皆无不良的嗜好，皆无不良的习惯。

地方：皆清洁，皆美丽，皆有秩序，皆可居住，皆可游览。

用今天的眼光来看，卢作孚设计的嘉陵江三峡就是一个“乡村现代化”的蓝图，远谈不上先进。但是，如果考虑到这个蓝图绘制时间是20世纪二三十年代，地点是地处偏僻山区、农业占主导地位的嘉陵江三峡地区，就显得非常不简单了。

首先，他把经济建设放在中心位置。计划以北碚丰富的煤炭资源为基础，开发煤炭资源，使之成为峡区的支柱产业，并带动相关产业，形成一个生产的区域。这个想法切实可行，见效很快。其次，他把交通建设作为事业的先导，主张交通建设应在“一切建设事业之先”。再次，他以文化事业为重点，重视人的教育。最后，他以乡村的城市化为依托。他选择了北碚为中心，要以北碚作第一个实验，以北碚的城市化、现代化为点，延伸到三峡地区整个面，进而为全国的乡村现代化提供借鉴。

卢作孚的乡村现代化蓝图是宏大的，也是切实可行的，值得庆幸的是，经过23年脚踏实地不间断的努力，确实大部分都实现了。在他的努力下，北碚建成了大后方最大的矿业——天府煤矿，四川第一条铁路——北川铁路，著名的纺织厂——大明纺纱厂，还创办了北碚实用小学、兼善中学，帮助好友晏阳初创办中国乡村建设学院，倡议建立私立相辉文法学院；在北碚创办中国西部科学院，主办中国科学社年会，创办中国西部科学博物馆；尤其是全面抗战时期，省外有100多所机关、学校和科学文化事业单位迁到北碚，包括复旦大学、中央研究院、国家编译局、国立农

20世纪40年代的北碚街景——中正路

业研究所、国立工业研究所、国立地质调查所、国立地理研究所等著名大学和科研机构，老舍、陈望道、李公朴、郭沫若、阳翰笙、田汉、陶行知等文化大家也来北碚居住或旅行，北碚一时间成为大后方的科技文化教育中心。北碚的市容市貌也发生了根本性的变化：街道拓宽了，房屋整齐了，道旁栽满了笔直的法国梧桐；街上有医院、图书馆、报社、自来水公司、电灯公司、电话公司、银行……可以说，凡是当时城市应该有的设施，他都在北碚逐步建设和完善起来了。

1948年，由中美专家组成的中国农村复兴委员会来到北碚，北碚的城市风貌使他们大为吃惊："各委员发现北碚市容，如宽广的街道，各种公共建筑，市政中心，以及其他事项，都远非普通中国城市所可望其项背。"

六、北碚的乡村建设实践

20多年间，北碚的乡村建设取得的成绩是多方面的，涵盖经济、文化、社会和生活的方方面面。

（一）经济建设

经济建设事业是卢作孚乡村建设事业的核心，这一思想在1930年卢作孚出川考察以后变得更加坚定。与梁漱溟、晏阳初的乡村建设思想和实践对比之后，我们会发现他的这一特点更加突出。在北碚，卢作孚建设了天府煤矿，并将煤业作为辖区经济发展的支柱；建成了四川省第一条铁路，开启了重庆工业革命的浪潮；在一个个小作坊的基础上建成了著名的三峡染织厂，为后来的抗战胜利和大后方建设做出了巨大贡献。

1.天府煤矿

卢作孚来之前，峡区有6座手工挖掘的小型煤矿，这些煤矿规模小、设备差，管理也缺乏经验，在挖尽表层煤层以后，无法深入挖掘，正面临绝境。卢作孚到任后，发现这里煤矿资源极为丰富，如果能积极开发利用，可使它成为峡区经济发展的支柱产业，而且对于乡村建设能起到有力的支撑和促进作用。他亲自出面找矿主们协商，与北川铁路公司、民生公司合作成立天府煤矿股份有限公司，卢作孚出任董事长。

天府煤矿在卢作孚的经营管理下，取得了快速的发展，迅速改变了峡区煤业弱小的局面。1937年全面抗战爆发后，不少工厂、企业内迁，峡区煤矿业获得了一个绝佳的发展时机。在宜昌大撤退时，卢作孚得知技术先进、实力雄厚的河南中福煤矿公司内迁大后方时，立即以天府煤矿董事长、民生公司总经理的身份与河南中福煤矿公司总经理孙越崎协商，双方一致同意合并，成立天府矿业股份有限公司，孙越崎任总经理，卢作孚任董事长。

新公司成立后，煤产量以几何倍数增长，迅速成为大后方最大的煤矿企业，有力地支持了抗战事业。1940年，仅煤矿工人就有8000多人，从事煤炭运输的人员达4500人，峡区的单一农业人口结构有了很大改变。

2.北川铁路

卢作孚从教育救国转向实业救国的过程中，认识到交通建设的重要性，他认为四川的建设，第一应为交通，第二才为实业，他主张交通建设应在“一切建设事业之先”。为了改善峡区运煤不便的状况，他在担任峡防局局长的第一年就开始修建北川铁路。这是四川第一条铁路。

1927年8月，卢作孚出任北碚峡防局局长才半年，便邀集当地乡贤商议，决定成立北川民生铁路股份有限公司，修建一条从矿区到嘉陵江边的铁路。清末四川就动议修建铁路，还因为铁路激起保路运动，进而导致辛亥革命，推翻了腐朽的清王朝。但是直到1927年，四川还没有一条铁路！铁路已经成为当时四川人民心中抹不去的痛！

卢作孚为什么这么急于修建铁路呢？这是因为峡区煤炭资源虽然丰富，但是煤矿都处于深山茂林之中，煤开采后都由挑夫背到嘉陵江边，用船运走。由于挑夫挑运量有限，经常造成煤炭积压问题，运输成本相当高。当时每天有6000多名挑夫穿行在山间小道上，要走20里山路才能运到嘉陵江边。仅仅是运费这一项，就占据了煤业总成本的大半。

资金是最大的难题。铁路是高投入行业，需要大量资金。此前虽有有远见的士绅联合江北、合川的士绅，打算建一条轻便铁路，用于运输煤炭，但他们筹集不到资金，铁路迟迟未能建成。

为了筹集资金，卢作孚亲自撰写招股公告，带头入股，筹集资金。为了保证铁路的建造质量，卢作孚聘请了胶济铁路的总工程师——丹麦人守尔慈设计铁路，并为铁路购置了2台蒸汽机车和20辆自动卸煤车。

1929年10月，第一段8.4公里的铁路建成通车。1930年，卢作孚率领民生公司、北碚峡防局、川江航运管理处和北川铁路公司有关人员一

1927年秋，北川铁路总工程师守尔慈（中）和副总工程师唐瑞五（左二）勘察北川铁路时留影

行10人到华东、东北、华北参观考察，历时5月有余，他将所见所闻写成《东北游记》。游记深刻揭露了日本帝国主义对我国东北经济、政治、军事侵略的狼子野心。卢作孚还深刻地认识到“要繁荣市面，必须要交通”，“因为交通的便利，铁路沿线，亦渐次繁荣”。他看到日本人以南满铁道为中心经营“满蒙”，俄国人以中东铁路为中心经营“满蒙”，德国人则以胶济铁路为中心经营山东，他们都是通过铁路来带动沿线地区的发展，正基于此，考察归来的卢作孚加快了对北川铁路的修建。

1934年，北川铁路全线通车，开采出来的煤由火车运送到嘉陵江江边，再由船运走，形成了完整的运输中转系统，日运煤量千余吨，有力地促进了峡区矿业的发展。

抗战时期，北川铁路为陪都重庆的工业生产提供了源源不断的能源，促进了重庆工业迅速发展，为抗日战争期间重庆的燃料供应做出了重大贡献。据国民政府1943年的统计，重庆三分之一的能源是用北川铁路运输的。

北川铁路白庙子码头

北川铁路的轨距只有732毫米，被称为“寸轨”，轨距只有标准轨距铁路的一半，这条铁路上的火车也比一般的火车小，然而，正是这条窄窄的铁轨和小小的火车，拉开了北碚工业革命的序幕。

3.三峡染织厂

为了解决士兵的就业，卢作孚利用关帝庙作为工厂，训练峡防局士兵的织布、织袜技能。卢作孚去上海考察时，特意带了三名青年士兵去学习纺织技术，又从上海购买新式纺织机器，成立了三峡染织厂。卢作孚为染织厂选择了新的厂址，建设了现代化的厂房。卢作孚将峡防局士兵转为工人，又吸纳了一批无业贫民作为工人。三峡染织厂开工后，卢作孚全家的衣服及民生公司职员的制服，均是三峡染织厂生产的。

让士兵参与生产，培养生活技能，也是卢作孚“化匪为民、寓兵于工”的一个重要内容。全面抗战爆发后，在卢作孚的发起和主持下，撤迁到重庆的常州大成纺织染公司、汉口隆昌染织厂与三峡染织厂合并，于1939年2月合组为大明染织公司。公司名称是卢作孚建议的，他说：“大

20 世纪 30 年代创办的三峡染织工厂，即三峡染织厂

明，大是代表大成公司，明是民生公司的谐音，组合又有大放光明的意思。”卢作孚出任公司董事长，大成纺织印染公司的刘国钧任总经理，刘国钧女婿查济民担任厂长。

大成纺织公司的先进技术和管理经验，使得三峡染织厂这个没有纱锭的布厂，迅速闻名于大后方的市场，为抗战胜利和日后新中国纺织工业的发展做出了重要贡献。

（二）文化教育建设

卢作孚早期主张教育救国，认为教育是国家的根本，尽管后来他的思想由教育救国转为实业救国，他也一直将文化教育作为国家现代化建设的重点。在北碚，他创建了中国西部科学院、中国西部科学博物馆、兼善学校、图书馆等文化教育设施，大力发展文化教育事业，发展现代的科学研究。他认为，教育应包括学校教育和民众教育，两者都应以普及为主，民众教育不仅仅是民众学校，也可以通过各种方式来提高峡区人民的文化素质。卢作孚在峡区开展了很多民众教育事业，创办了很多教育文化设施。

1.民众教育运动

“每一个地方有人进出的时候，即是实施民众教育的时候。”这是卢作孚的一句名言。他也是这么要求、这么做的。每当北碚开集的日子，峡防局的职员们就在稠密的人群中竖起一块块小黑板，开始教从四面八方来赶集的农民学文化，这就是卢作孚创办的场期学校；在力夫休息的茶社，创办了力夫学校；在船夫休息的趸船上，办起了船夫学校；在东阳镇和西山坪农场，办起了农民学校；在三峡织染厂，办起了工人学校；还为家庭妇女办起了妇女学校……

职业学校建立起来了，一时间教员就呈现出不足了。为此，卢作孚从峡防局职员入手，要求所有的峡防局职员们集中接受培训。1931年1月8日，《嘉陵江日报》以《峡防职员实行上课》为题，报道了峡防局职员们“届时全体齐到峡局办公厅，听讲关于增加基本常识和办事能力之各种课程。如峡局生活方法、数学、簿记、统计、公文、信札、自然科学、历史、地理、中国问题……”卢作孚亲自参加授课，峡防局各处室负责人如刘雨若、唐瑞五、黄子裳、赵仲舒、孙羡陶等担任教师。

峡防局还成立专门的民众教育办事处，除了办各种识字教育培训班外，还开办民众俱乐部、民众问事处、民众职业介绍所等，联络在机关单位上班的几十个青年，利用节假日和晚上担任民众教育教师。甚至办起了“挨户学校”，把一家周围的十来家聚在一起，进行挨户教育。

一时间，北碚兴起了读书学习的热潮。1931年11月22日《嘉陵江日

1929 年夏，北碚峡防局少年义勇队第一期部分学生在营房旁合影

北川铁路车站里的书报阅览室内摆放有多种报纸及刊物

20 世纪 40 年代，北碚朝阳镇合作社社员代表大会合影

北碚试验区青年志愿抗敌出征

报》以《北碚晚上踊跃着读书的人们》为题报道了这样的一个场面：

> 北碚的民众教育，除平民娱乐场和平民问事处而外，就是民众学校。该校男生班开学不久，女生班就接着于十一月十七日晚上在实用小学分校里正式开学，到校学生约三十名，妇女与女生各居半……每晚都有许多男女青年在读书。北碚市中学校园道上，体育场间，一到晚上八点以后，随处都可碰到手里拿着书本的人，不是民众学校出来的学生们，就是在图书馆研究东北问题的峡局职员。从来峡局文化事业莫有见过如此的兴盛现象，尤其是在晚间。

为了给乡村建设培养人才，卢作孚还非常重视年轻人的教育和培养。早在1927年夏，卢作孚招收了500多名具有中学程度的青年，办起了第一、二期警察学生队，第三期少年义勇队。第一期警察学生队，培养有理想、有技能、愿意为社会服务的人才。学员训练内容包括军事、政治、工作、生活作风等。每天早上卢作孚带领学员们进行身体锻炼，冬日还到江边进行凉水浴，以锻炼意志。训练营房的墙上，写着“忠实做事，诚恳对人”八个大字，这是卢作孚对学员们的要求。对这批学员，卢作孚采取了知行合一的教育方式，在队长卢子英的带领下，他们随专家到西南、西北各地采集生物标本，到少数民族地区进行社会调查，下矿井，进电厂，为孩子种牛痘，培养真实的社会感悟。这里也成为民生公司培养人才的基地，民生公司壮大后的中层管理人员，大半来源于此。

卢作孚领导的民众教育运动是广泛而且持久的，据统计，到1944年，北碚6万余人口（包括矿区）中，有6成以上接受过各类教育培训。

2.创办中国西部科学院

1946年，英国科学家李约瑟发表了一篇题为《战时中国之重庆科学界》一文，指出抗战时期中国“最大的科学中心是在一个小市镇上，叫作北碚，位于嘉陵江两岸，此镇有不少于十八所科学团体与教育机关，其中大多数都很重要”。

李约瑟与生物研究所员工合影

北碚20世纪二三十年代还是一个落后的小乡场，怎么一跃成为“最大的科学中心”了呢？这固然与抗战学术机构大量内迁有关，但更与卢作孚之前积极发展中国西部科学事业，创办中国西部科学院和主持中国科学社第十八届年会密切相关。

早在1928年卢作孚就有意在北碚北温泉公园内建立科学研究机构。1928年11月11日，《嘉陵江》就刊登了文章《嘉陵江上科学院》：

> 自峡防局经营北温泉公园以来，很受地方人士赞许，军商各界络绎捐款。往来游览者，亦逐日增多，重庆合川各地学校旅行该处，多为短时的游赏乃去。最近，峡局卢局长更拟在温泉公园内添设嘉陵江科学馆一所，内分物理试验室、化学试验室、生物研究室、地质研究室、卫生陈列室，已寄信上海购置仪器、药品及材料物品，预定年内或明年春开馆，将来本馆即定名为“嘉陵江科学馆”，以备一般人之参观研究云。

可见，卢作孚最初的设想是将科学馆建成一个科普教育的场所，而非深入研究科学的机构。尽管如此，一个专职剿匪的地方治安联防机构，能有此设想，还专门拨出经费到上海购置仪器和材料，实在太难得了！

当时，中国最大的科学家社团——中国科学社正组织专家来四川进行科学考察和标本采集活动，并把采集的标本在重庆展出，引起了轰动，卢作孚深受震撼。

1929年10月，卢作孚得知中国科学社又一批动植物专家要来四川科学考察和采集动植物标本时，认为这是一个向科学家学习和为峡区科学馆采集标本的绝佳机会，马上与中国科学社联系，派出了少年义勇队的30名学员随行前往。这次调查历时4个月，采集了大量的动植物标本和少数民族风情文物。1930年3月，中国科学社生物研究所和静生生物调查所联合组成调查团，分5路在川康等地考察，卢作孚决定每路都派少年义勇队队员三四人参加。此外，当时德国生物学家傅德利要去川边采集昆虫标本，中国、瑞典科考团前往新疆、甘肃考察，卢作孚都派遣了少年义勇队队员随行参加。

东岳庙里的标本陈列室

卢作孚之所以这样做，一方面是为了锻炼年轻人，让他们在实践中经受考验，培养他们的科学意识；另一方面也是要用这些标本建立科学博物馆，供游人参观。

博物馆需要场地，建在哪里呢？没有经费，怎么建设呢？卢作孚思考良久。1930年3月8日晚，卢作孚派遣峡防局常备队一个中队的官兵，来到火焰山东岳庙，将庙中的泥菩萨全部搬了出来。第二天的《嘉陵江》向民众阐明了原因：峡防局要在火焰山这里开辟一个公园，在庙里要建一个博物馆。把博物馆建在公园里，肯定会吸引不少参观者。用菩萨庙来建博物馆，确实省去了建房的一笔费用。

1930年夏，中国西部科学院筹备处在上海成立，这立即引起了蔡元培、秉志、任鸿隽、王琎、丁文江、胡先骕、翁文灏、黄炎培等人的注意。卢作孚致信他们，请求他们推荐优秀人才来中国西部科学院任职。同时，卢作孚趁着在华东、华北考察的机会，为中国西部科学院购置仪器、设备和药品。不久，静生生物调查所所长秉志推荐了中央大学动物系毕业的王有琪，静生生物调查所植物部主任胡先骕向卢作孚推荐了北京师范大学生物系毕业的余德浚。后来，中国科学社社长任鸿隽向他推荐了

1935年建成的中国西部科学院主楼——惠宇楼

北大理学院院长、化学系主任李乐元，秉志又向卢作孚推荐了德国弗莱堡大学理学博士王希成等人。

为了筹措资金，卢作孚带头向民生公司、北川铁路公司、三峡染织厂集资，并请当地士绅、军政首脑和企业家募捐。刘湘、杨森、刘志乾、龙首贤等军政人物纷纷援手，熊明甫等乡贤积极响应，省内的教育厅、金融界人士，省外的学术团体纷纷捐资，中国西部科学院的创建经费得到了基本保证。尤其值得一提的是卢作孚旧友杨森捐资3万银元，为西部科学院主楼命名“惠宇”（杨森字子惠）。

1930年9月，中国西部科学院在北碚火焰山东岳庙正式成立。刘湘为董事长，卢作孚为院长主持院务，并确立了“研究实用科学，辅助中国西部经济文化事业发展”的宗旨。中国西部科学院下设理化、生物、地质、农林4个研究所，附设图书馆、博物馆、农场、中学等。

这不仅仅是一个展示和科普机构，更是一家真正意义上的科学研究机构，也是中国西部第一个科学院。在科学院里，一大批科学家从事科学研究工作，产生了卓越的成绩。今天，在中国西部科学院旧址大门的展板上，写着这样的一段文字："有40多位科学家在中国西部科学院工作或参与中国西部科学院博物馆的筹建，其中14位先后被评选为中国科学院学部委员或院士。"

全面抗战前，中国西部科学院进行了很多卓有成效的科学研究，在学术界产生了重要影响，尤其值得一提的是，他们主办了中国西部的第一次科学盛会——中国科学社第十八届年会。这次年会上，近200名顶尖的科学家齐聚北碚，打开了中国西部长期封闭的科学大门，为北碚成为战时大后方科学中心奠定了思想基础。

中国科学社是当时国内最大的科学家社团，集聚了国内科学界的精英。1933年，卢作孚得知中国科学社酝酿召开年会时，以中国西部科学院院长的名义致函中国科学社，诚挚邀请中国科学社第十八届年会在北碚的北温泉公园召开。3月3日，中国科学社社长王琎回函，愉快地接受了邀请。8月18日，北碚张灯结彩，热闹非凡，万人空巷，市民争相一睹科学家的风采。据报道，当时参会的科学家有：王琎、秉志、周仁、唐钺、杨孝述、胡刚复、胡博渊、胡先骕、伍连德、葛绥成、何德奎、刘梦锡、丁燮林、孙昌克、杨石先、丁佶、张鸿基、戴芳澜、李永振、李振翩、傅耀诚、区国著、顾鼎梅、沈叔达、叶善定、周榕仙、许萱伯、陈烝先、张道宏、陈燕山、杜长明、裴鉴、张凌高、方文培、马寿征、盛绍章、沈同治、曾吉夫、张洪沅、陶英、陶金鉴、陈邦杰、黄钰生、柳无忌、徐南驺、卢于道、杨距勋、杨臣华、于吟詹、刘恩兰、马心仪、郭美瑞、张湘纹、葛成慧、朱昌亚、郭凤鸣、张瑞珍、欧世璜、许植方、柳大纲、朱振钧、姚国珣、杨绍曾、杨允中、叶俊、曾慎等人。这些人有些已经是赫赫有名的科学家，有些当时还不出名，但是后来成为了海内外知名的科学家。

中国科学社第十八届年会合影

科学家们兴致勃勃地参观了峡防局机关、三峡染织厂、北川铁路、中国西部科学院，以及农场、医院、中学和公园，对北碚的印象深刻。卢作孚在《中国科学社来四川年会以后》一文中更是深刻地指出这次年会的重大意义：一是变更外省人对四川的观念，二是促使四川人对科学事业的兴趣，三是可以帮助四川完成十来个问题的研究，四是促成了“以成群的力量帮助四川”。全面抗战爆发以后，很多科研机构选择在北碚落户，北碚成为抗战时期中国最大的科学中心也就在情理之中了。

全面抗战爆发以后，最早迁入北碚的是中国科学社理化研究所。之后，1939年1月，中央研究院的动物研究所、植物研究所迁到了中国西部科学院；2月，经济部中央地质调查所迁到了北碚鱼塘湾；5月，军政部陆军制药研究所迁到了北温泉公园益寿楼。1940年3月，早已迁到白庙子的经济部矿冶研究所，在天府煤矿创建了炼焦厂；中央研究院气象研究所

迁建北碚的气象研究所和地质调查所

迁到了北碚金刚碑。

全面抗战期间，迁到北碚的科研机构共有20个之多，有的借用中国西部科学院房舍，有的分布在中国西部科学院周围。中国西部科学院的全部实验室和仪器、设备都无条件地提供给这些科研机构使用。一大批著名的科学家都在这个相对良好的环境中从事科学研究工作，难怪李约瑟将北碚称为战时中国“最大的科学中心”了。

3.成立中国西部科学博物馆

中国西部科学博物馆成立于1944年12月，是全面抗战时期大后方建立的唯一一家具有规模的博物馆，也是中国人独立建立的第一家综合性多学科的自然博物馆。

创办缘起，要追溯到1943年7月在北碚召开的中国科学社等六个全国性学术社团的年会。卢作孚作为筹备委员会主任委员，协调科学家们的接待事宜。会议期间，他还进行了内容丰富的科学展览活动。由于北碚地处偏僻，一时间吸引了数万民众前来参观。卢作孚于是萌生了一个想法：

这些展品会后会流散到各处，何不建一个陈列馆，满足民众的观赏需求呢。

卢作孚的这一想法很快得到了与会团体的响应。当年冬天，在中央研究院、中国科学社、中国西部科学院等13个学术团体的支持下，中国西部科学博物馆筹备委员会成立，推举翁文灏为主任委员，卢作孚为副主任委员，筹备委员会有任鸿隽、钱崇澍、伍献文、卢于道、赵九章等国内一流学者专家。

1943年12月25日，大后方学术团体负责人、著名科学家、政府官员500余人云集中国西部科学院主楼——惠宇楼，共同庆祝中国西部科学博物馆正式开馆。卢作孚被推举为馆长，翁文灏为理事长，张群、孙越崎、何北衡为常务理事。以惠宇楼为陈列馆，馆内分工厂、农林、地质、地理、生物、医药、卫生七大陈列室，有各类展品13500多件，各类标本、模型、图标、文字一应俱全。

后来，卢作孚积极向各学术单位、工矿企业和私人募捐，陈列馆的展品一度达到10万多件。

4.创建实用小学

1927年卢作孚刚到北碚，就发现北碚的教育资源非常缺乏，连一个像样的完全小学都没有，学生要到很远的地方上学，很不方便。于是，他召开峡防局会议，提出要办一个完全小学。与会者完全同意，但是峡防局一无场地，二无师资，经费也很有限，怎么办呢?

这点困难是难不倒卢作孚的，他很快就想出了一个因陋就简的办法，用峡防局学生队的场地作校舍，教职员由峡防局职员义务承担，仅保留2名常驻学校职员给予津贴。这样，没花什么钱，学校就建成了。

1928年2月18日，实用小学正式开学了。校舍虽然寒酸，卢作孚对实用小学的期望却很高，要把这所小学建造成一座新型的样板学校。预备以此校试验新的教育方法，并养成新的小学人才，进而改良其他学校。在这所学校里，卢作孚改革一般读死书、死读书的方法，不仅要“训练他们运用科学的方法”，而且要“教他们随时随地有艺术的欣赏”，这样“培养出来的小孩子，一方面是能干的，一方面是快乐的”[①]。这样的教育理念，在今天看来，仍然是先进的。

实用小学发展很快，1930年又增加了一个分校，学生达到120人左右，男女专职教员10人。还附设了图书馆、博物馆、儿童俱乐部、儿童剧场、游乐场等设施。

5.创办兼善中学

“穷则独善其身，达则兼善天下”，这是亚圣孟子的名言。“兼善天下”是卢作孚社会改革的最高理想，也是他一生的追求。因此，他将北碚建立的第一所中学命名为“兼善中学”。

北碚兼善中学旧貌

卢作孚很早就有创办一所中学的想法，1930年他出川考察，参观了北大、清华、南开、晓庄师范、燕子矶小学、中华职业学校等，就思考着如何借鉴别人的经验，创办一个新型学校。他在考察途中，几次致信峡防

① 卢作孚：《乡村建设》。

卢作孚创办的兼善中学主楼

局，对创办兼善中学作出安排。1930年9月15日，卢作孚出川考察回来不到两个月，兼善中学就开学了，卢作孚被推举为校董事会主席，首任校长为郑献礼。学校草创时期，因陋就简，以火焰山东岳庙为校舍，以江北贫困儿童为基础，招收30名学生，先期创办了初中一个班。

尽管如此，兼善中学的师资水平还是相当高的。卢作孚要求同期创办的中国西部科学院所有研究人员都兼任兼善中学教员，这些研究人员毕业于国内外顶尖学府，或者在某一个领域享有较高的声誉，他们担任教员，是难能可贵的。

兼善中学后来建造了一栋红砖绿瓦的教学楼，以及学生宿舍、礼堂和食堂，成为一所条件完善、环境优雅的中学。而第一期招收的30名学生毕业后，一半以上分配到中国西部科学院所属各研究所作练习生；其余的学生及随后的各班的毕业生，有的后来升入了大学，有的分配到民生公司，有的进入到北碚各机关事业单位。

6.支持复旦大学等高校落户北碚

1937年全面抗战爆发后，位于上海的复旦大学内迁到重庆的菜园坝。校长吴南轩经过考察后发现，菜园坝易遭受日机轰炸，环境也一般，

1939年复旦大学奠基仪式合影

而北碚位于重庆外围，具有浓厚的文化氛围，北碚的东阳夏坝是个理想的地点。

1938年2月4日，吴南轩致函时任交通部常务次长卢作孚，提出了这个设想。此时卢作孚已经卸任峡防局局长一职近两年，北碚峡防局也改组为嘉陵江三峡乡村建设试验区署，但是吴南轩知道，卢作孚仍然是北碚的实际领导者，因此急切需要他的支持。

当时，经济部工矿调整处也正在与卢作孚商议，要将东阳夏坝作为几十个内迁工厂的选址。这对于梦想峡区现代化的卢作孚来说，几十个工厂的到来，马上就可以形成一个工业区，实现工业现代化，自然是一个巨大的诱惑。但是吴南轩一再强调，战时集中这么多工业在一个区域，绝非好事，一是容易招致日机轰炸，二是易生工潮。思考再三，卢作孚最终回绝了经济部工矿调整处的要求，将北碚东阳夏坝作为复旦大学的永久校址。

在复旦大学落户北碚前后，卢作孚的好友晏阳初也带着平教会同仁来到北碚。卢作孚热情邀请晏阳初来北碚办学，并亲自为他选定了歇马场大磨盘滩为校址，还利用自己在四川广泛的人脉和资源，帮助协调办学经费问题。为了推进中国乡村建设学院的建设，1939年成立了私立乡村建

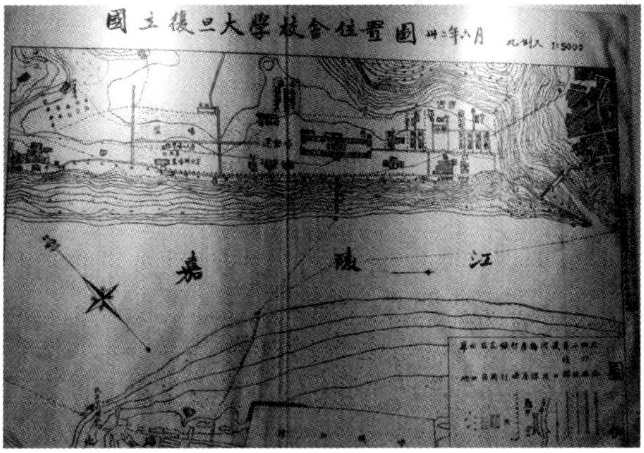

复旦大学北碚校舍位置图

1937 年 12 月底，复旦大学师生到达重庆时合影

复旦大学在北碚夏坝重建

设育才学院董事会，张群任董事长，董事有蒋梦麟、翁文灏、黄炎培、梁漱溟、张伯苓、卢作孚、晏阳初等人。这个阵容是非常强大的。尤其值得一提的是，董事会一成立，立即决定由晏阳初任书记，卢作孚任会计，负责处理建校重大事宜。当时，卢作孚是交通部常务次长，主管战时水陆运输任务，还是民生公司的总经理，可谓位高权重，竟能屈尊为一校会计，可见卢作孚对乡村建设事业的无限热忱。

也许是志趣相投，1941年，民国另外一位乡建著名人物梁漱溟也来到北碚，将他创办的勉仁中学迁到北碚的金刚碑。据梁漱溟回忆，1946年以后，他辞去民盟秘书长职务，在景色宜人的北碚息影长达三年之久，潜心著述。他的《中国文化要义》一书就是这时写成。1948年，他又在北温

复旦大学建在北碚夏坝的化学实验室旧影

复旦大学夏坝登辉堂今貌

泉创办了勉仁文学院，讲学授课，直到1949年年底离开北碚去往北京。他在北碚的这些活动得到了卢作孚和卢子英的大力支持。

此外，在卢作孚的支持下，1939年4月，江苏医学院迁到了北碚牌坊湾；1939年，著名教育家陶行知在北温泉创办了育才学校；1942年，著名财会教育家潘序伦办的立信会计专科学校迁到了北碚中山路。

抗战期间，迁到北碚的大、中学校达15所之多，一大批著名教育家、文学家、艺术家会聚北碚，北碚一下子成为了后方的文化教育中心。

7.倡办私立相辉文法学院

私立相辉文法学院是抗战胜利后在北碚成立的一所著名的高等学府，是在卢作孚等社会贤达的倡议下，利用复旦大学留下来的校舍和设备创建的。"相辉"二字取自于复旦大学创始人马相伯和老校长李登辉。1946年10月5日，私立相辉文法学院正式开学，初设农艺、文史、外文、经济、银行会计5个系，后增加了法律系。1949年前后，学生曾达1800多人，教职工130多人。

私立相辉文法学院设立，缘起于抗战胜利后的高校回迁。全面抗战时期，北碚集中了40多所高等院校和科研机构，成为大后方的科学文化中心。1945年8月抗战胜利以后，这些高校又要纷纷回迁了。这本来是一件大好事，但是对四川教育来说，这么多高校的突然离开，将会出现当地教育"大滑坡"的问题，"重庆的高等教育又几乎回到了抗战前的水平"。而且留下来的几所大学也无法承受突然增加的报考学生就读重担，这样，四川的大量学子难免会丧失接受高等教育的机会。

青年人是未来的希望，想到这里，卢作孚甚为忧心。很快，卢作孚和一帮热心的乡贤想出了一个两全其美的办法：何不利用这些回迁高校留下来的校舍和搬不走的设备另办一所大学呢?

1946年8月3日，卢作孚致信复旦大学校长章益，商讨利用复旦大学留下来的校舍和设备设立私立相辉文法学院。这一提议很快得到了复旦大学的支持。8月6日，复旦大学校长章益致信于右任、邵力子、李登辉、钱新之、吴南轩等社会贤达，邀请他们支持卢作孚创办私立相辉文法学院，并恳请他们出任学院名誉董事长及董事职务。他们回复表示同意。8月10日，卢作孚以私立相辉文法学院筹备委员会主任的名义致电国民政府教育部，恳切地指出迁渝高校回迁后重庆学子面临的困境，表示他已约请在社会上有极高声望、又和复旦大学关系密切的社会贤达于右任、邵力子、李登辉、钱新之等人“发起组织相辉学院”，恳请利用复旦大学留下来的旧址作为校舍。至此，私立相辉文法学院的建立水到渠成，很快就开始招生了。可以看出，卢作孚在创建私立相辉文法学院的过程中起到了关键性的作用。

（三）社会公共事业

在北碚经济文化事业快速发展的同时，北碚的社会公共事业也以前所未有的速度推进着，卢作孚终其一生，都把家乡北碚建设放在重要位置，创造了一批重要的社会公共事业。

1.建造一个花园城市

北碚公共事业建设较早的，除了北温泉公园外，还有整顿北碚的市容市貌。卢作孚就任峡防局局长时，北碚街市上是狭窄的石板道，两边是低矮的房屋。有一条街叫“九口缸”，有九口大尿缸摆在路旁，臊气冲天。人们在此已习惯这种生活，习以为常。卢作孚到任后，决定将污秽不堪的街道加以整修拓宽，还要拆去道路两旁突出到街心的建筑，因此遭到不少人的反对。有人大骂：“自古就有北碚场，便是这个样子的街道，至少也有几百千年，大家走得好好的，你偏偏一来就见不得了，走不得了！”[1]面对反对者，卢作孚没有退缩，他从容易说服的人入手，把那些反对激烈的人放在最后。等到街道清洁了，环境改善了，大家都看到了拓宽街道的好处，自然就主动加入到整顿市容的行列中了。那些激烈反对的人也慢慢地改变想法了，有些人自己动手拆去了屋檐，有些人请求峡防局帮忙拆掉了屋檐。

整顿市容只是北碚社会公共事业建设的一小步，卢作孚对北碚的建设有着更大的理想。1930年出川考察，他来到青岛，对青岛的城市建设服膺不已。回到北碚以后，他决定把北碚建设成为一个大公园，进而把整个三峡布置成为一个美丽的游览区。他请担任北川铁路总工程师的寿尔慈规划北碚城市建设布局，还亲自带领峡防局官兵和学生填平路面、清扫街道、疏通水沟，修建公园、假山、凉亭，建造人工湖。为了美化环境，卢作孚从上海买回来了法国梧桐树苗，栽种在街道两旁，大量的法国梧桐均匀地挺立在道路两旁，为北碚街缝制了一张无缝的“天衣”。20世纪50年代，贺龙元帅曾来北碚小住，他曾感慨道：北碚是个大花园，今后应按大花园的要求进行社会主义建设。

如今，北碚有着全国有名的城市绿化，是一座享誉海内外的美丽小城，也包含着卢作孚当年精心“人为的布置”的心血。

2.北碚医院

北碚医院是1927年卢作孚利用一间旧庙建立起来的，地方很小，初期主要工作是为北碚乡场的孩子们种牛痘。

峡防局是一个治安联防机构，本来是剿匪的，怎么还给孩子种牛痘了呢？卢作孚是这样认为的：“疾病传染的危险，比匪徒抢劫的危险还厉害。我们有办法避免匪徒的抢劫，却还没有办法可以避免疾病的传染。一

---

① 卢作孚：《乡村建设》。

卢作孚在北培修建的民众会场

般人都知道治安建设是很紧要的事业，却不知道卫生建设是更紧要的事业。”[①]传染病的危险比匪徒抢劫还厉害，把卫生事业看得比治安建设还重要，卢作孚这一思想在今天看来仍然是很先进的。

1927年卢作孚就任峡防局局长以后，就要求为孩子们普种牛痘，而且是免费的。一开始乡民不理解：“哪有这样的好事？他今天不问你要钱，等害得你的小孩子要死了，他才问你要！”[②]经过峡防局职员、学生和医护人员的耐心解释和大力宣传，乡民们对于种牛痘由逃避、拒绝变为欢迎、主动了。一到春秋种牛痘的时节，北碚的医院门诊处就变得门庭若市。

1933年，北碚医院才建立起来门诊楼。抗战时期，江苏医学院搬迁到北碚，北碚医院并入江苏医学院，后来成为重庆北区重要的医院之一。

3.北碚图书馆

1928年4月27日，卢作孚在北碚关帝庙利用大家捐赠的400本书，办起了峡区图书馆，即北碚图书馆。1929年，藏书增加到2000册，在北碚的

① 卢作孚：《乡村建设》。

② 卢作孚：《乡村建设》。

下游江北水土沱设一分馆，在北碚的上游澄江设二分馆，馆址一度迁到鞍子坝。1933年，北碚图书馆并入中国西部科学院图书馆，仍然向民众开放。

1936年，峡防局撤销，成立嘉陵江三峡乡村建设实验区署，为县级政权。中国西部科学院图书馆划归区署，更名为北碚民众图书馆。1937年以后，随着大量科研机构和高校的内迁，北碚民众图书馆接收了很多社会捐赠，藏书量有了很大的增长。

1945年抗战胜利以后，在卢作孚的倡议下，以民生公司10万册藏书为基础，邀请几位藏书家将私人藏书以寄存的方式联合起来，成立了新的北碚图书馆。经费、人员由民生公司和北碚管理局承担，并筹资作为图书馆的发展基金。新的北碚图书馆藏书超过17万册，成为当时重庆地区藏书最为丰富的民办公助图书馆。1946年7月，北碚图书馆迁入被称为“红楼”的新馆办公。1949年1月，北碚图书馆接收了邓少琴、杨家骆创办的私立亚泉图书馆的3万多册藏书，规模更加庞大。截至1949年12月，总藏书量达到24万多册。[①]

4.创办《嘉陵江日报》

1928年3月4日，卢作孚改组《学生周刊》，创办了三日刊《嘉陵江》报，刊载省内外现代的国防、交通、产业、文化和嘉陵江三峡各项事业的消息。卢作孚以“努力的同人”的名

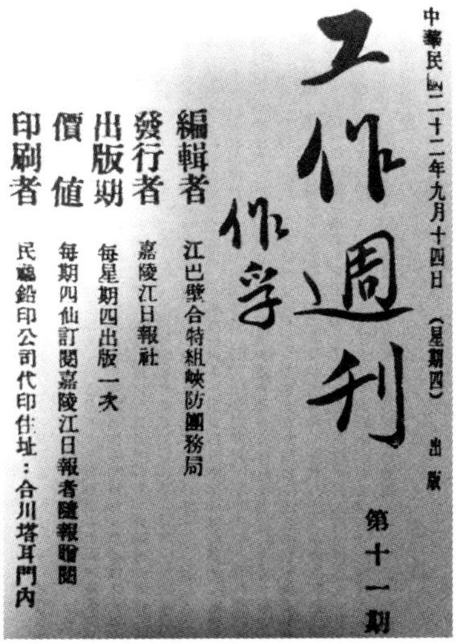

卢作孚创办的《工作周刊》

① 侯江、方晨：《民国时期北碚的图书馆事业》，《重庆图情研究》2013年第3期。

嘉陵江三峡乡村建设实验区的民众俱乐部、消费合作社和嘉陵江报社

义，在发刊词中说：“嘉陵江是经过我们这一块地方的一条大河，我介绍的却是一位小朋友。我们盼望这个小报传播出去，同嘉陵江那条河流一样广大，至少流到太平洋……”报纸白话文浅显易懂，编辑简明扼要，新闻素材丰富，专人派送发行，时效性强，受众广泛，该报很快就改为两日刊。1931年1月改为《嘉陵江日报》，持续出版到1949年12月15日停刊。卢作孚的很多文章和活动都发表在这张小报上。因此，《嘉陵江日报》成为研究卢作孚、研究嘉陵江三峡乡村建设最重要的史料之一。

七、人们眼中的北碚

北碚，这个曾经的土匪啸聚之地，在卢作孚的治理下，几年之间就成为享誉全国的乡村建设“特区”。

1936年，国民政府发布通令，撤销北碚峡防局，划江北、巴县的2个镇、3个乡成立“嘉陵江三峡乡村建设实验区署”，区署驻北碚。这相比于一个治安联防机构的峡防局来说，地位大大提升，不仅权责增加了，而且管辖范围也大大拓宽了。

区署的名称也是完全依照卢作孚两年前写的《嘉陵江三峡的乡村运动》一文定名的，可见国民政府对卢作孚的尊重，也是对其领导嘉陵江三峡乡村建设的认可。当时，全国搞乡村建设的地方非常多，遍布南北，但是以“乡村建设实验区署”命名的一级地方政府机构，恐怕也是仅此一家。

区署成立时，卢作孚已经就任四川省建设厅厅长，他还有民生公司、天府煤矿等众多公司业务要处理。因此，区署由唐瑞五担任区长，卢子英任副区长。两年后，卢子英任区长，卢作孚任乡村建设设计委员会副主席。但是，从1936年到1949年12月，卢作孚始终是嘉陵江三峡乡村建设的指导者。正如卢作孚儿子卢国纪所说，卢作孚“始终是北碚一切事业的指导者，而四叔子英则是在他的指导下的具体执行者。北碚的建设和改革，完全是在他的直接指导下继续向前发展的”。

全面抗战爆发后，随着大量科研机构和高校的内迁，北碚从一个小县城，一跃而成为战时中国的科学中心了。来自国内外的人士，“大”至国民政府主席林森、美国副总统华莱士，“小”至各中小学的学生，都来参观，北碚的名声更加响亮了。

早在1931年2月24日，著名实业家杜重远在写给《生活周刊》主编邹韬奋的一封信中，记述了他在重庆和北碚等地的所见所闻，对北碚与重庆的巨大反差和卢作孚在北碚取得的巨大成就赞叹不已：

> 我们到了重庆，第一感觉奇特的，就是军人之多。敝衣赤足，到处都是。……第二感觉奇特的，是重庆街中到处有什么“吻春雅室”，什么“刘记谈心处”，又什么“新漂川土”，询之友人，方知均系鸦片吸食所。……重庆街市随处有面黄肌瘦的瘾君子出现。尤可怜者，抬轿的轿夫中十之四五是染了阿芙蓉

癖的。……衣不蔽体，食不充饥，而青脸长发，酷似城隍庙中的鬼卒！……以上所云，多系伤心泪语，吾兄闻之，当更寒心。但弟由此行而得可慰之事亦复不少，兹略述如下：弟此次到重庆，获晤卢作孚先生。卢公实川中之人杰也。六年前即见到重庆之商业空虚，经济可危，乃号召同志，组织一民生公司，造有轮船十四只，为挽回长江的航权；附设机器厂一处，为修理轮船之用；并为便利重埠商民计，设电灯及自来水厂。公司成立之始，资金不足五十万元，今加以公积及历年摊提，几近原额之二倍。经营之善，川人共称。复于民国十七年组办北川公司，铺设轻便铁路，为采煤之用，今亦成绩斐然。重庆之西一百廿里处，有北镇者，该地背山面水，地势险恶，居民蛮野，时出掠夺，民十六卢公兼任该地峡防局长，悉心治理，化险为夷，首练军队二百人，除剿匪外，兼任警察职务，近匪患已除，以军队修道路，兼作浚河工作。设实用小学处，以兴教育；设民众学校三处，以奖励平民识字；设民众俱乐部一处，每日有演讲；并附以电影，提倡民众正当娱乐；设图书馆，引起民众读书兴趣；设地方医院，每年施布种痘的两万余人；设公共体育场，劝导

卢作孚陪同加拿大大使参观北碚

民众注重体育；设乡村电话局，以利交通。此外更以五万资金倡办染织工厂一处，每月可织布一千二百匹，袜子二百打，并附设缝纫工厂与石印厂在内，以上种种设施，虽粗具规模，均著有成效，而经费一项，每年不过八万元，由过往船捐项下扣用。以有限的经费，办许多的事业，卢公之精神毅力，有足称者。此外又向各方捐款，以四万元建设温泉公园，及中国西部科学院，研究生物与地质两科，该院设有农场、博物馆及动物园，并设兼善中学一处；组织义勇队二十名，每岁到川康各地游行，为采集科学标本之助。复另集资金两万元，办农村银行，内附设消费合作社，专为以上种种机关服务。此外有嘉陵小报，为传达各项消息。最令人惊异者，以上种种机关皆为卢公训练出来之二十岁左右青年所经理，弟皆亲自访览，不胜敬佩。

北碚面积纵百二十里，昔称野蛮之地，今变文化之乡，以一人之力，不数年间而经营知此，孰谓中国事业之难办？党国诸公对此作何感想？卢公年四十许，思想缜密，眼光敏锐，处事勤奋，持身俭约，虽时至今日，仍短服布衣，出门向不用车轿。至彼在北碚二十年内之计划（今已四年），即充实内容，深入社会，以全力建设经济基础。弟之来川，以得晤卢公为平生第一快事。

杜重远“以得晤卢公为平生第一快事”，黄炎培、陶行知、晏阳初、梁漱溟等民国乡村建设代表人物，又何尝不是呢！当时，黄炎培领导的中华职业教育社在江苏昆山徐公桥、晏阳初领导的中华平民教育促进会在河北定县、陶行知领导的晓庄师范学校在南京晓庄、梁漱溟领导的山东乡村建设研究院在山东邹平进行的乡村建设都取得了很大的成绩，产生了广泛的影响。他们对卢作孚领导的北碚乡村建设十分赞赏，对卢作孚给予了很高的评价。

1936年，黄炎培游览北碚，在《北碚之游》一文中写道：

> 历史是活动的。有许多“人”昨天是无名小卒，今天便是鼎鼎名流。“地”何尝不这样呢？诸君从普通地国上找“北碚”两字，怕找遍四川全省还找不到。可见小小地方，还没有资格接受地图编辑专家的注意呀！可是到了现在，北碚两字名满天下，几乎说到四川，别的地名很少知道，就知道有北碚。与其说因地灵而人杰，还不如说因人杰而地灵吧。

1939年，陶行知来到北碚参观，看到经济发展取得的成绩，他很激动：

> 我在北碚参观一周，看到了你们创办的经济事业、文化事业和社会事业，一派生机勃勃的奋发景象，……北碚的建设，……可谓将来如何建设新中国的缩影。

同年，晏阳初也谈起他不久前的一次北碚之行：

> 重庆北碚有卢作孚先生所热心经营的乡村建设区，他无论如何要我和梁漱溟先生前去参观一下，我看那里的工矿经济建设事业，都很有成绩。将来希望本会能和那边合作，使他们的经济建设与我们注重的教育政治工作，有一个联系。

1987年，已经94岁高龄的梁漱溟，写下了一篇《怀念卢作孚先生》的文章，深情回忆50年前他参观北碚的情景，盛赞卢作孚在北碚进行乡村建设的重大步骤：

> 从清除匪患，整顿治安入手，进而发展农业工业生产，建设北碚乡村建设实验区，终于将一个匪盗猖獗、人民生命财产无保障、工农业生产落后的地区，改造成后来的生产发展、文教事业发达、环境优美的重庆市郊的重要城镇，现在更成了一

梁漱溟、卢作孚、章牧夫在民众会堂前合影

个重要的旅游区。

在人们眼中，卢作孚是北碚的规划者，也是亲自参与的建设者，他与北碚密不可分，已经在精神上与北碚融为一体：

卢作孚与北碚不可分……他拓宽北碚市街，充实卫生设备，以改善环境，遍设学校以发展地方教育、文化，创设工厂，提倡兵工政策以发展峡区物产，又于北温泉开公园以美化天然形势。鉴于科学在近世的重要，复在北碚设立西部科学院，介绍近代物质文明，研究川康天然资源。二十年来卢氏已是被誉为国内具有权威的航业巨擘，同时他也是一位最进步的建设家。峡区之所以能逐渐走上近代化，北碚之所以能建成，实具有一段辛酸与艰难历程。直到现在卢氏仍然时时往返北碚去看看由他亲手所缔造而茁长的这个新世界，每次去他似乎都能感到一点温暖与安慰，卢氏已与北碚在精神上融为一体。[1]

---

① 《记北碚科学博物馆》，《新世界》1945年10月。

一、战后建设的理想

1943年，第二次世界大战的形势发生了有利于同盟国的变化。在欧洲战场上，德国侵略军在斯大林格勒战役中惨败，英法美军队在诺曼底登陆，意大利无条件投降。在东亚战场上，美军在中途岛海战中击溃日军，向日本本土步步进逼。在东南亚的丛林中，中英联军也开始在缅甸向日本占领军展开反攻。在中国国内战场上，侵华日军也陷入人民战争的汪洋大海，战争形势越来越有利于中国。

经过12年的艰苦抵抗，胜利的曙光终于闪现，和平即将到来，和平之日，就是恢复重建之时，战后中国怎么建设？四川怎么建设？民生公司怎么建设？卢作孚开始思考这些问题，并开始探索。

1943年夏，卢作孚在红岩村的家中，写下了著名的《一桩惨淡经营的事业——民生实业公司》，由民生公司铅印出版。1944年，在美国访问期间，他在*ASIA AND THE AMERICA'S* 杂志发表了《中国中心的伟大基地——四川》。1944年夏，他在北碚中国科学院的一个安静屋子里，用了一整天时间，写了《论战后中国建设》，刊登在《新世界》杂志1946年2月号上。这3篇文章，构成了卢作孚对于战后中国建设的基本构想。

他在《论战后中国建设》一文中写道：

落后国家随时随地可以遭遇到的问题；

其与国际密切接触，互为比较之后，愈益显著。秩序清洁与混乱污浊，高楼大厦与茅屋棚户，轻车疾驶与徒步重荷，触目皆是天堂地狱，其不平与难堪，日趋严重。唯有从根本上建设国家，以机器代替人力，以科学方法替代迷信与积习，使农业增产，矿业开发，工业发达，陆有火车汽车，水有轮船，空中有飞机，可资运输；人人皆有智慧，皆有工作技术，皆有职业的机会，皆有服务公众的兴趣。以自力谋生者，收入增加；被雇用者，待遇改良。由此衣食丰裕，住室宽舒，旅行便利；污秽的环境，变为清洁，混乱的环境，变为有秩序；有灌溉工程，防洪工程，可以预防天灾；有医药卫生设备，可以预防疾疫；使一切都感落后的国家，短期内即一切进步到与先进国家比美；使全国人民在最大的痛苦后，获得最大的幸福和安慰；其他国家的人一向轻视中国者变为尊敬，批评中国者变为称誉。

这是一个美好的理想，“是完全操在我们的手上，只看我们的画法了”，怎样变为现实呢？卢作孚高度赞扬了苏联的五年计划，他说：

苏联曾以五年计划——第一个五年计划，第二个五年计划，第三个五年计划——安排整个国家建设秩序，有效地配合一国的人力、物力和财力，在预定的秩序上前进，结果达到预期，而且超过了预期，五年计划竟于四年完成了！……如果中国整个经济建设有计划，每一经济事业又有其精密的计划，则中国未来的可能发展的速度，又当比苏联为大了。

在《中国中心的伟大基地——四川》一文中，卢作孚高度赞扬了四川人民为抗日战争做出的巨大贡献，详尽地阐述了四川在战后建设中的重要地位和应采取的措施。

四川及其邻近地区对于中国的民族生命来说，不仅在抗日战争中重要，而且在战后的建设中也重要。作为大后方最重要的省份的四川，有五千万人口。它已输送了三百万新兵入伍。它的盐产量已由每年六百万担增加到一千万担。它供应了全国大部分的煤和百分之九十的酒精，作为战争时期最重要的汽油代用品。更重要的是，四川还为祖国提供了一个十分理想的战时首都重庆。……而在 1940 年，四川的无穷无尽的人力，主要靠人背，将六千二百万蒲式耳稻米从数不清的僻远农村运到河道边和公路上，以供应大后方的需要。

卢作孚还设想，战后四川可以建设世界上最大的水电站——长江三峡水电站，可以开采地下丰富的矿产资源，可以成为通向四面八方的铁路中心，可以建设航空港，使四川成为世界上重要的交通要地。

这是一篇激动人心的文章，他饱含热情歌颂祖国、歌唱人民、歌唱生他养他的热土，为战后四川的建设构建了一幅美丽的蓝图。

在《一桩惨淡经营的事业——民生实业公司》中，卢作孚虽然心情很沉重地回忆起抗战以来民生公司遭遇的巨大损失和面临的巨大困难，但却对民生公司的未来充满信心，他对民生公司的未来提出了宏大的规划。

抗战以前，民生公司水运的事业，相当有利，周围投资事业，倒常常亏折，成为它的累赘。抗战开始以后，情形完全颠倒过来了，水运事业，不断的亏折，股东没有分得红利，职工没有好的待遇，即可证明它所报效是在国家和社会了。它现在非常忙碌的仍是运输问题、亏折问题和意外危险问题，一年到头苦于救死扶伤之不给。当着一般人都在高谈战后及航业问题的时候，它还是只忙着战时问题，忙着解救战时的无限困难，尤其忙着战时应负的运输责任。不是它眼光短浅，不能看到战后，而是它认为问题排列的秩序，应该是第一为战时，第二乃为战后。它相信国家对于战后的航业，必有整个的筹划，必责成几个主要公司分担各主要航线的责任，而由政府妥为分配；何家公司主力用在远洋，何家公司主力用在南洋，何家公司主力用在沿海，何家公司主力用在扬子江，使各竭其全力发展其主要航线，相互间配合而不致相互间冲突，这是国家必定把握的大计。其余都是轮船公司自己的事。民生公司在国家整个航业筹划之下，也当然是主要负责的轮船公司之一，本着它战前的计划和现在的基础，扬子江上游仍应以绝对优势，保持航业上的长期和平，使不再发生残酷的斗争，扬子江中下段，它应该是几个主力中的一个主力，使足以与它的上游航线联系；沿海它也许视能力参加，以与扬子江联系，它不得不有几条相互救济的航线，使不致因为一条航线不景气，而受致命的打击。

在这里，卢作孚已经提出了走进长江下游、走向海洋的伟大设想。

二、争取借款造新船

1944年，第二次世界大战即将取得胜利。11月10日至17日，美国四大商业团体——国际商会美国分会、美国全国商会、美国工业协会、美国国外贸易协会——作为发起方，在纽约召开国际通商会议。这是一个非常重要的商业会议，国民政府委派了6位著名的工商业、金融业代表参加，他们分别是：张公权、陈光甫、范旭东、李铭、贝祖贻和卢作孚。

这是卢作孚第一次出国，第一次参加这样重要的会议，但卢作孚认为他不仅仅是代表政府参加会议，还是作为实业家，代表中国工业与会。他希望参观美国工厂并争取订造新型轮船，实现祖国航运业现代化。

机会总是留给有准备的人。为了这次机会，卢作孚已经准备了两年多。两年前，他已经利用工作之余，向晏阳初的妻子雅丽和乡村建设学院教授孙恩三学习英语，他的基础很差，要从ABC开始，经过两年多的准备，他已经能从容地阅读英文报纸和一些英美刊物了。

在美国造船厂考察后，卢作孚认为美国造船成本太高，转赴加拿大。因为战争原因，当时加拿大的造船业发展很快，但是随着战争即将结束，衰退的迹象也开始显露出来。加拿大政府推出了一个信用担保政策，鼓励外国公司向加拿大借款，购买加拿大工业产品。卢作孚认为这是一个很好的机会。1945年2月，卢作孚代表民生实业公司签订协议，向三家加拿大银行贷款1275万加元，向加拿大最大的两家造船公司订造大型和中型客轮6艘。但是，这个协议需要国民政府的担保。

1945年3月，卢作孚回到国内，向国民政府提出贷款担保。但是事情远没有他想象的那么顺利。行政院借故拖延，政府担保迟迟得不到落实。当时，著名企业家、永利化学工业公司总经理范旭东就是因为向美国贷款迟迟得不到政府的担保而忧愤致死，重庆各界人士举行了声势浩大的悼念活动，舆论都说范旭东因为借款得不到政府担保而被气死了，现在卢作孚也快要被气死了。蒋介石迫于舆论压力，才一再指示行政院给予担保。此事持续一年多，直到1946年张群担任行政院长，才得以解决。

担保问题耽误了一年多的时间，受战后通货膨胀的影响，这段时间加拿大的物价已经上涨了许多。民生公司所借的1275万加元，原来够12艘轮船的造价，最多只能造9艘了。卢作孚再次与加拿大轮船公司协商，决定建造5000匹马力的大型客轮3艘，分别命名“虎门”“玉门”和“雁门”；2400匹马力的中型客轮6艘，分别命名“荆门”“夔门”“石门”“剑门”“龙门”和“祁门”。6艘中型轮船在1947年春夏两季交工，

3艘大型轮船在1948年夏季交工。

加拿大订造的9艘轮船设计新颖，内部合理，环境舒适，建成交工以后，很快投入到沿海航运当中，为民生公司的发展做出了巨大的贡献。为此，卢作孚将天津、广州的办事处升级为分公司，在福州、青岛设立办事处，大力发展沿海航运业。1947年到1948年，由于竞争对手招商局忙于运兵差，无暇与民生公司竞争，民生公司海运上还略有盈余，可以用来弥补长江航线上的亏损，民生公司在这一经济非常困难的时刻还能勉强支撑。

三、战后的艰难岁月

1945年8月15日，日本无条件投降，全国人民都沉浸在胜利的喜悦和欢乐之中。兴奋之余，他们心中的迫切愿望是——回家。为了完成他们这个心愿，卢作孚再一次承担重任，就任全国船舶调配委员会副主任。八年前，是他亲自指挥，完成了宜昌大撤退，让千千万万的人民来到安全的大后方；八年后，又是他亲自指挥，将千千万万的人民安全送回家乡。

这一次大迁徙，民生公司又是承担了几乎全部的重任。在民生公司承受着巨大的亏损压力，竭尽全力运送成千上万的人民返乡的时候，以宋子文为首的行政院却拒绝了民生公司要求调整票价和运价的申请，致使民生公司的经营雪上加霜。

更加严重的是，具有官办背景的招商局从日寇和敌伪政权手中接收大量船只后，企图垄断长江下游和沿海的船运业务，要把民生公司限定在川江这一狭小的区域，甚至扬言要吞并民生公司。

卢作孚当然不会同意，他的理想不仅是要重回长江下游，还要开拓沿海、南洋和远洋航运，将民生公司建成一个航运巨头。

实际上，早在抗战时期，以孔祥熙、宋子文为代表的官僚资本集团就企图控制民生公司，许以各种利诱，结果都被卢作孚一一婉言谢绝。他们怀恨在心，拉拢不成，就打击报复。《一桩惨淡经营的事业——民生实业公司》这本小册子在1943年出版时，正是以孔祥熙、宋子文为代表的官僚资本企图控制民族航运业，搞垮民生公司之时。这本小册子不仅是为了宣传民生公司为抗战做出的贡献和战后的计划，也是为了对孔宋集团妄图垄断战后航运，扼杀民营航运业的企图表示坚决反对。

抗战胜利之初，国民政府从日寇和敌伪政权手中接收大量船只。这些船只全部交给了招商局，而对抗战期间做出巨大贡献、损失惨重的民生公司，连一艘都没有给予。在民生公司的强烈抗议下，才照顾了几艘。厚此薄彼，令人心寒。

走进长江下游，走向海洋是卢作孚的理想，他没有因为官僚资本的打压而屈服，更不会惧怕与招商局的竞争。他利用当时的有利条件，不仅向加拿大订购了新型的轮船，而且利用战后世界裁军的有利形势，大力扩展了他的船队。第二次世界大战刚刚结束，美国急于处理一大批军用物资，其中包括一些军用轮船。民生公司趁此机会，购进了5艘巨型登陆艇组建成3000吨级的“远”字号货轮，即“怀远”“宁远”“定远”等；1艘大型运油船改建为海轮，即“太湖”号；3艘扫雷艇改建为“生”字号拖轮，即“生哲”“生辉”等。还与金城银行合作，组建太平洋轮船公司，购买了“黄海”“东海”“南海”三艘海轮，航行于东南亚各国和日本。[①]有了这些轮船和远洋航线，卢作孚满怀信心，民生公司又可以大干一场了。

据凌耀伦主编的《民生公司史》记载，抗战胜利后，民生公司已拥有

① 王世均：《民生公司向加拿大借款造船的经过》，《文史资料选辑》第49辑。

客货轮船140多艘，其中包括在加拿大建造的9艘新型客货轮，开辟了数千公里的内河航线，拓展了港澳和东南亚航线，最远的抵达印度和非洲。民生实业股份有限公司已经不仅仅有水上资产，旗下还有70多个岸上企业和附属设施，涉及发电、自来水、造船、仓库、码头、铁路、煤炭、水泥、陶瓷、印刷、出版、钢铁、机械、纺织、印染、食品、建筑、贸易、银行、保险等众多领域。

企业的发展必须要有一个安定的政治环境，但是战后中国的政治环境，哪里能容得下企业的发展呢!

1946年7月，抗战胜利还不足一年，国内形势发生急剧的变化。国共谈判破裂，美国调停失效，国民党军队向中原解放区大举进攻，全面内战正式爆发。饱经战乱的全国人民渴望和平，国民党的所作所为不得人心，国统区爆发了反对内战、要求和平的民众运动。

1947年，在解放军的反攻下，国民党军队节节败退。国统区通货膨胀，物价飞涨。

1948年年底，战争形势已经发生了根本性的变化，辽沈、平津、淮海

民生公司重庆总公司办公大楼

战役先后结束，整个东北、华北和长江以北的广大地区已经全部解放，人民解放军已经进抵长江北岸，直逼南京。

1949年1月，国民党政权败局已定，蒋介石宣布“下野”，并准备向台湾败退。

早在1948年年底，卢作孚就意识到长江下游航线已经不再安全，国民党军队如果败退台湾，肯定会裹挟民生公司的轮船。于是，他命令长江下游的轮船尽量向长江上游的重庆集结，沿海航行的轮船向香港集结，而从加拿大赶来的几艘新造“门”字号轮船，改道向香港集结。

1949年4月，国民党军队强征了上海附近的所有船只，这些轮船全部集中到定海。定海在与宁波一水之隔的舟山半岛上，岛屿并不大，一下子挤满了国民党军队，人叫马嘶，场面极其混乱。民生公司的5艘主力客轮“民本”“民俗”“渠江”“怒江”“龙江”也被扣押到这里，被铁链子锁住，不得动弹。国民党军队规定，这些轮船只能去往台湾，不能开往其他任何港口。

对此，卢作孚十分忧心，动用自己的各种资源和关系，终于将这5艘轮船营救回香港。与此同时，被国民党扣在东海和黄海打兵差的“太湖”“中远”“定远”等轮船，也平安到达香港。

这是一个惊心动魄的过程！从1949年5月到1950年2月，这场营救持续了9个月的时间，卢作孚坐镇香港，每天通过电讯指挥船员，与国民党军队和各个机关反复交涉，反复协商，正是依靠全体船员和职工的一片赤诚和机智勇敢，终于将一艘又一艘的轮船安全地开回香港。到1950年2月，集中到香港的民生公司船只达到19艘，这是一个庞大的舰队！

四、回归大陆

1950年6月10日上午，一辆庞蒂亚克小轿车离开香港柯士甸公寓，在晨光中驶出尚且安静的九龙市区，进入新界农村，行驶在长长的马路上。车中一位身材瘦弱的老人不时探出头来，眺望这令人身心舒畅的田园风光。老人此行是秘密进行的，他的目的地是遥远的北京，在那里中央人民政府毛泽东主席、周恩来总理已经做好了准备，欢迎他的到来。

这几个月，他在香港经历了反复思考，决定拒绝国民党的拉拢，回到新生的中央人民政府那里去，回到大陆去。作为民生公司的总经理，他已经制定好了周密的海轮北归行动方案，要将民生公司滞留在香港的19艘轮船全部开回大陆。

海轮北归计划由民生公司香港分公司经理杨成质负责执行。当时，国民党军队封锁台湾海峡，轮船通过时，随时都有被扣押的可能。因此，这个行动方案中，要有通过台湾海峡的合理理由，以保证这些轮船安全返回大陆，为此，卢作孚还颇费了心思。

6月7日和9日，“怀远”和“宁远”两艘海轮都以运货至韩国仁川港为由，离开香港。当他们通过台湾海峡后，没有去往韩国，而是停靠在了上海码头。13日，“民众”也以到韩国运货为由，离开香港，通过台湾海峡，到达上海。

不料，返回大陆计划遭遇意外。6月21日，当“太湖”轮也以同样的理由离开香港时，潜伏在这艘船上的国民党特务得知真相后立即向国民党当局告密，致使“太湖”轮被扣押到台湾高雄，其船长周曾怡也被判了10年徒刑。

卢作孚得知“太湖”轮被扣押后，当机立断，停止返航上海的计划，直接将剩下的15艘轮船全部从香港开往广州，不再通过台湾海峡。

当时，香港还处于英国殖民当局的控制之下，港英当局对于新生的中华人民共和国政权抱有敌意，如果不是正常营运，港英当局是不会允许船只直接驶往大陆的。其中，“渠江”轮驶往大陆的途中，就遇到了英军巡逻艇，被盘问去往何处。“渠江”轮并未理会，而是全速前进，英军巡逻艇见状穷追不舍，眼看就要追上。所幸此时距离大铲岛已经很近，“渠江”轮立即升起五星红旗，英军巡逻艇见状不敢再追，掉头离去。

最巧妙的是7艘“门”字号新轮的回归大陆。当时，这7艘中有4艘负责香港广州航线，另外3艘负责港澳航线。一天，“石门”号抵达广州后，突然出了“故障”，不得不停留广州“修理”；于是香港民生公司派“剑门”号去接替，谁知“剑门”号到广州以后也出了“故障”，要留广州“修理”；香港民生公司再派一艘顶替……就这样，4艘“门”字号轮船神不知鬼不觉地回到了广州。另外3艘“门”字号轮船在载客到达澳门后，趁着空驶的机会也驶回了广州。就这样，7艘新造的“门”字号轮船全部返回了祖国。

在卢作孚精心策划和香港民生公司广大船员的积极配合下，滞留在香港的19艘轮船，除了“太湖”号外，全部回归到了祖国大陆，并积极投身到新中国的建设事业上来。这批船只当时价值在2000万美元以上，对于新中国来说，是一笔可观的财富。

对于卢作孚保护18艘海船回到大陆的抉择，不论是当时，还是后来，都受到了高度一致的赞赏。

有些人并不理解，卢作孚与国民党很多高层人物往来密切，特别是受到蒋介石的信赖和器重。全面抗战爆发后，蒋介石委任他为交通部常务次长，负责命运攸关的宜昌大撤退；又任命他为首任全国粮管局局长，解决抗战期间的粮食供应问题；还亲自介绍卢作孚加入国民党。新中国成立前夕，更是许以高官厚禄，劝他前往台湾。可以说，国民党对他不薄，他完全有理由去台湾任高官。

可是，卢作孚为什么放弃高官厚禄，回到祖国大陆呢？理由很多，很多人从很多方面进行探讨。刘重来在《卢作孚画传》一书中一语中的：“可以说，卢作孚选择回归的原因，就是他看到了‘今天的人民政府倾全力注重国家建设’，且‘鼓舞’‘整个社会朝这一方向前进’，他的乡村现代化、国家现代化理想就会实现。”正如卢作孚自己所说，真正打动他的，是劝他回大陆的陈子昂的一句话：“现在解放了，也是我们真正施展抱负的时候了。”

在北京，卢作孚作为特邀嘉宾，参加了6月15日在中南海怀仁堂召开的全国政协一届二次会议，并受到了毛泽东主席、周恩来总理等党和国家领导人的接见，向他征询国家建设大计。卢作孚的儿子卢国纪在《我的父亲卢作孚》一书中写道：

> 我的父亲在京期间，周恩来总理和陈云副总理曾多次约见我的父亲，就新中国的经济建设问题、交通问题、航运问题进行了长时间的交谈，听取我的父亲对这些问题的看法和意见。曾有一次，凌晨两点钟，周恩来给我的父亲打来电话，要立即约见他，接着便派车来把他接去，一直谈到天亮。……我的父亲还两次参加毛泽东主席举行的便宴。一次是为工商界人士举行的，一次是为西南地区的爱国人士举行的。两次便宴，我的父亲都与毛主席同席，并且紧挨着毛主席。

当时，卢作孚面临最大的问题是加拿大的1275万元10年期借款即将开始还本付息，周恩来知道卢作孚的困难后，专门召开中央人民政府会议，解决民生公司面临的问题和加拿大借款的归还问题，卢作孚和民生公司的广大员工受到了很大的鼓舞。卢作孚积极支持国家的工商合营政策，同交通部部长章伯钧签订《民生公司公私合营协议书》，在全国率先进入公私合营程序。据《民生公司史》中的记载，1952年公私合营前，民生公司“清理结果，资产总额8437亿元，除去负债（章注：其中包括加拿大订船货款等），净值为1989亿元”。

周恩来非常器重卢作孚，向卢作孚提出，不要再回重庆了，到中央来任职。卢作孚心念民生公司，以有些事情需要回去处理婉言拒绝。

1950年10月，卢作孚从北京回到重庆，受到了西南军政委员会和重庆人民的热烈欢迎，并被任命为西南军政委员会委员，继续担任民生公司总经理。

回到重庆，在工作的日子，卢作孚还是坚持去公司上班，仍是不停地打电话、草拟信函、下达指令、听取汇报。略与往日不同的是，他不再坐车上班，而是步行到公司。虽然公司打算派车接送，但是他都拒绝了。周末他也不用再去北碚了，可以享受20多年来都没有享受到的周末闲暇了。在北碚上班的二子卢国纪和在重庆大学上学的三子卢国纶有空会来看他。

进入新的历史时期，卢作孚是乐观的。闲暇时，他开始阅读《社会主义经济建设》等书籍。卢国纶来看他时，与他一起学习毛泽东的《矛盾论》《实践论》。1951年2月，在组织的安排下，他还来到川南，参加了当地的土改运动。这一年，他还应邀到北京开会。9月，到交通部商议民生公司公私合营问题。10月，参加全国政协一届三次会议，在这次会议上，卢作孚被增补为全国政协委员。

这一次在北京，周恩来总理再次向他提出，希望他留在北京，担任交通部领导职务，连卢作孚一家在北京的住所都给做了安排。卢作孚表示民生公司正在恢复通航，表示先要回重庆处理民生公司的工作。周恩来总理同意了他的计划，并约定不久后北京再见。

于是，1951年12月20日，卢作孚回到重庆。

没想到，这一次的相见，竟成了永别。

1952年2月8日，卢作孚在重庆民国路12号的家中突然去世。卢作孚作为一代风云人物，仍然担任着西南军政委员会委员、民生实业公司总经理。他的去世，当时引起了巨大轰动，产生了广泛的影响。但是，曾有一段时间，他辉煌的业绩被湮没在历史的尘埃之中，和很多近代民族工商业精英一样，不可思议地变成了“灰色的一群人”，但是，他们所走的“实业救国”之路，是与启蒙、革命一样伟大的事业，终极目的都是救亡图存、国富民强。历史没有忘却他们，给予了他们应有的评价。

一、突然去世

卢国纪在《我的父亲卢作孚》最后一章中写道：“1952年2月8日，对于我们全家来说，是一个无限悲痛的日子。就在这一天，我们的父亲不幸逝世了。”卢作孚逝世的原因，此处语焉不详。这时，距离卢作孚回到重庆只有2个多月。

卢作孚逝世的原因，长期以来都是一个谜。国内很多文章和著作，以及辞书提到卢作孚之死，都说是“不幸病逝”，或者含糊其词地说“不幸逝世”。直到2005年，卢作孚的幼子卢国纶在4月21日出版的《南方周末》上发表了《卢作孚之死》一文，才揭开了这段尘封半个世纪的历史——卢作孚死于过量服用安眠药，是服药自杀。

一代英雄人物，最终以这种方式告别，令人唏嘘，但是历史往往喜欢和我们开玩笑，然后认真地告诉你：这是真的！

卢国纶在《卢作孚之死》一文中写道：

正当父亲满怀壮志，准备为国家作出更大贡献时，国家形势发生了变化。民生公司内部也出现了一些问题，这些问题层层累积以至于集中爆发，最终导致父亲无法承受而遽然离世。

自父亲返回重庆后，相继而来的“镇压反革命”“三反”“五反”等运动，已普及于全国基层包括民生公司，公司自身也顺应大势开始民主改革进程。由于基层运动的领导者执行政策有偏差，在运动中，公司的部分董事、高中层管理人员受到不应有的冲击，父亲对此甚感惶惑。

建国初期，战火方熄，百废待兴。由于业务量不足，民生公司的经营状况没有得到改善，反而由于各种费用的消耗和公司在国内外的债务还本与付息的压力而日见艰难。公司收支失衡，入不敷出，财务陷入困境，员工的工资发不出来，员工的情绪出现严重波动，公司局面非常不稳定，父亲为此忧虑重重，深感难以撑持。

1952年初，中央决定对民生公司特殊对待，在暂停对私营企业贷款的情况下，破例给民生公司贷款一千万元（旧制人民币一千亿元），并指示西南军政委员会将此举措转告民生公司。西南军政委员会立即邀请民生公司某负责人谈话，转达了中央这一指示，并嘱他待卢作孚从北京回来后，马上转告，请卢作孚放心。遗憾的是该负责人却没有将这一情况告诉父亲。在父亲去世的前两天，北京又发电报来确认为民生公司解决经济困难贷款一事，仍然是这个负责人先得到这份电报，但并没有交给父亲，原因甚不可解（父亲去世后，该负责人解释说他忘记告诉父亲，并忘记把电报交给父亲）。事情至此具有了浓厚的悲剧色彩：一方面，在中央的关怀下，民生公司的难关本来可以安然渡过；而另一方面，父亲却根本不知道中央有这个决定，仍在为财务危机空前严重，从而可能引发公司更大的危机而忧心如焚。

1952年2月5日，民生公司的川江主力船“民铎”轮在丰都附近水域发生事故触礁沉没。2月6日父亲亲赴丰都察看，处理善后。当时有传言说这个事故是潜伏特务在搞破坏，公司里人心惶惶，气氛紧张。对父亲来说，这一事故无异于雪上加霜。据母亲后来回忆，那几天父亲守着电话疲惫不堪，通宵睁着眼睛无法入眠，不时喊着公司某几位高级管理人员的名字，情绪极为紧张焦躁。

1952年2月8日上午，民生公司召开“五反”动员大会，会议主题是揭发资方腐蚀国家干部，公司高级管理人员坐在台下第一排，父亲又被特别安排坐在第一排的正中间位置。在会上，公股代表张祥麟在会上带头做检查，内容是与卢作孚一道赴北京出差时，曾和卢作孚一起去吃饭、洗澡、看戏等。张祥麟检查后，父亲的通讯员关怀便跳上台去，揭发说张祥麟在北京时，接受卢作孚请吃饭、请看戏是受了“糖衣炮弹”的袭击，是受了“资本家”的拉拢腐蚀，他并严厉追问张祥麟还有什么问题没有交代，其间会场多次高呼口号，气氛十分紧张，使坐在台下前排的父亲十分困惑和难堪，心情极为沉重。

关怀是原民生公司“虎门”轮的服务员，父亲离港返京前调他来担任通讯员，把他从香港带回内地，虽然跟随父亲一起工作的时间不长，但父亲让他住在家里，抽出时间亲自教他学文化，对他可谓仁至义尽，关心备至。可是在2月8日大会的前几天，这个年轻人不知何故，忽然搬出了我们家，在开会时又上台去“揭发”，表面上是揭发张祥麟，实际上矛头直指父亲。会后，父亲把关怀找到办公室谈话，在场的有民生公司副总经理童少生等公司高层人员。父亲劝导关怀发言要负责任，应该实事求是，有一说一，夸大事实、无中生有的话不要乱说。但关怀拒不接受父亲的劝告，并且有恃无恐，态度非常不好，这对于父亲无异火上浇油。

父亲一生光明磊落，洁身自好，对旧社会奸商拉拢贿赂官员、贪污舞弊的行为一向深恶痛绝。此刻，他很难理解用私人工资收入招待同事这样的正常交往怎么就成了腐蚀干部？他身边的工作人员怎么会如此对待他？父亲是一个视人格尊严为生命的人，这样无端的侮蔑和侵犯，他绝对不能接受。可以说，2月8日的大会对于父亲是一个极大的刺激，直接成为他当晚自尽的导火索。

从卢国纶的叙述可以看出，卢作孚之死，是种种压力、种种困惑、种种问题的积累，特别是突如其来的攻击污蔑，让他无法容忍，“士可杀不可辱”，他义无反顾地绝尘而去。

5天后，即1952年2月13日，重庆《新华日报》在其第一版的左上角，刊登了一则消息：

卢作孚自杀

［本报讯］民生公司轮船民铎、民恒于2月5日与8日，相继被特务有意识破坏后，总经理卢作孚忽于8日晚自杀，内情未明，政府正竭力侦查中云云。

这则消息很短，但是却很有意思，它将卢作孚自杀和前两日发生的民生公司两艘轮船民铎轮、民恒轮遭到“特务有意识破坏”联系在一起，又以“内情未明”结尾，给人以更大悬念。

后来，新华社编辑的《大参考》1952年第35号上刊登了《私营轮船业民生公司总经理卢作孚畏罪自杀》一文，说“解放前卢与蒋匪勾结很紧，可能有政治问题，怕‘三反’‘五反’运动中被追出”，“近有轮船两艘被特务击沉，卢的周围也有特务，卢死的原因甚为可疑……”这明白地告知人们，民生公司两艘轮船是遭到特务破坏，卢作孚自杀的原因是“畏罪”。尽管后来事实查明，民铎轮、民恒轮的沉没都与国民党特务无关，但此后数十年，卢作孚一下子从公众的视线中消失了。

二、怀念与评价

卢作孚突然去世，最怀念他的还是他的亲人和子女。卢作孚和夫人蒙淑仪育有三子二女，此时都已经成年，分别居住在不同的地方。

当时，距离卢作孚最近的是三子卢国纶。据卢作孚三子卢国纶在《卢

卢作孚在红岩村的故居

作孚之死》一文中描述，母亲蒙淑仪是第一个发现卢作孚服安眠药的人，她让厨工翻窗进入了被反锁的卢作孚卧室，看到了地上撒落的安眠药。慌乱之中，她向民生公司总经理室求助，民生公司的医护人员来到卢作孚家中，对他进行了最后几个小时的抢救。家在重庆的卢国纶得到消息后，急忙从家中赶过来。当时的情景，50多年后他仍铭记："所有的忙乱过去后，留下母亲和我为父亲守灵，失去至亲的巨大悲痛笼罩着我们，突如其来的打击令我们母子难以承受，凄清、孤苦和震惊之情，是我永世也难以忘怀的！"

在北碚的二子卢国纪也从单位那边得到消息，乘火车转轮船从北碚矿区来到重庆，参加父亲的安葬仪式。而长子卢国维在香港民生公司工作，长女卢国懿在美国读书，次女卢国仪在上海工作，都无法立即赶回奔丧或者根本无法通知。

1952年2月12日，是卢作孚安葬的日子。当年卢作孚赴上海建造的民生公司第一艘小火轮——"民生"号，载着他的灵柩，从望龙门出发，越过长江，将卢作孚安葬在重庆南岸龙门浩的一座无名小山上。

出殡仪式异常简单，没有追悼会，没有告别仪式，没有花圈，也没有挽联……灵柩从民国路的家中一直抬到望龙门，路上只有公司职工和船员数百人自发地排在路边目送，他们目送灵柩渡过长江，到了南岸，直到看不见抬灵队伍时才散去。

卢作孚自杀的消息一直被严密封锁着，连身为中央人民政府政务院副总理的黄炎培也懵然不知。2月15日，黄炎培从卢作孚好友、居于上海的著名实业家周善培那里才得知卢作孚"病故"的消息。黄炎培当日在日记中写道："得上海周孝怀信，悉卢作孚病故，其殇日还不知，但知是猝然的。"直到2月26日，黄炎培才接到正式通知，"得总理转示中共西南局电，卢作孚八日服安眠药自尽，留有遗嘱"。当时，有人在会上"大骂卢作孚为帝国主义服务”，黄炎培怒斥颠倒黑白。

中央人民政府副主席张澜也感于好友蒙尘，郁闷积于心中，2月29日、3月1日两次写信给周恩来总理，坦陈卢作孚对国家的巨大贡献。

3月14日，卢作孚去世36天后，黄炎培满腔悲愤，奋笔疾书，写下了一首《卢氏作孚先生哀词》，怀念这位相交三十年的挚友：

> 呜呼作孚！君为一大事而死乎！君应是为一大事而生，君以一穷书生平无寸金，乃大集有钱者之钱，以创“民生”。辛辛苦苦了卅年，长江几千里，内河几十道，平时载客载货，战时运械运兵。责在人先，利居人后！有罪归我！有功归人。奇难大诽集中于君之一身，君为何来？为的是国家，为的是人民。终得从黑暗中眼见光明，眼见全大陆的解放，眼见大中华的复兴，还运最后的奇谋，七大艨艟，完璧归赵，而不居功，而不求名。呜呼作孚！君其安眠吧！君实为此大事而生。作孚！作孚！我是君卅年之老友。我以爱君敬君之故，曾历访君早年事迹于北碚，于泸州，于少城。又曾多次为“民生”乘客，实地察君所经营之事物，所识拔所训练之人，识君之抱负，惊君之才，知君之心。呜呼作孚！今乃为词以哀君之生平。君其安眠吧！几十百年后，有欲之君者，其问诸水滨。

在这首哀词中，黄炎培赞美了卢作孚的丰功伟绩和高尚人格，“君为何来？为的是国家，为的是人民”。他“几十百年后，有欲之君者，其问诸水滨”的预言，早已被这些年来海内外卢作孚研究热而提前证实了。

当卢作孚去世的消息传到北京，毛泽东曾感慨地说：“如果卢作孚先生还在，他所要担负的责任总比民生公司大得多啊！”这句话，印证了中央确有考虑，要调卢作孚到交通部工作。

1952年五一劳动节上午，在首都隆重举行的庆典开始前，毛泽东在门城楼上，十分惋惜地对张澜说：“作孚先生是一位人才，真可惜啊！”在场的人无不为之动容。

20世纪50年代中期，毛泽东在和黄炎培谈到中国民族工业发展过程时说：“我国实业界有四个人不能忘记，他们是：搞重工业的张之洞，搞化学工业的范旭东，搞交通运输的卢作孚和搞纺织工业的张謇。他们都是为发展我国民族工业有过贡献的人。”“实业界有四个人不能忘记”，这是毛主席对卢作孚在发展民族工业上的功绩做出的极高评价。

卢作孚逝世后不久，在政务院讨论民生公司公私合营问题的会议上，周恩来专门做了一次讲话，高度评价了卢作孚的一生，认为卢作孚不仅对中国的交通运输事业做出了贡献，而且对新中国的新民主主义建设也做出了贡献。

1980年9月4日，在卢作孚子女的不懈努力下，在邓小平、胡耀邦等人关怀下，在卢作孚故友的协助下，中共四川省委统战部为卢作孚这位为中国经济近代化事业、为中国人民抗日战争做出不可磨灭贡献的杰出实业家重新作了评价：

> 卢作孚先生是我国著名的民族工商业者，早年创办和经营的民生轮船公司，对发展民族工商业起过积极作用。解放后，他热爱祖国，拥护人民政府，拥护共产党的领导，曾从香港组织一些轮船回来参加祖国建设，对恢复和发展内河航运事业做出了有益的贡献，为人民作过许多好事，党和人民是不会忘记的。

这相当于为卢作孚“平反昭雪”。

1982年，89岁高龄的老友晏阳初在菲律宾国际乡村建设学院动情地写下《敬怀至友卢作孚兄》一文，文中写道：

> 我一生奔走东西，相交者可谓不少。但惟有作孚兄是我最

敬佩的至友。他是位完人，长处太多了，只能拣几点略述。

作孚有理想，有大志，他深知，要使中国富强，必须发展交通。长江是交通重道，需要轮船，所以他组织民生轮船公司，以应时代的需要。

他极富创造力，具有实现理想的才干和毅力。他组织公司的资本，是向朋友或外国借款。他自己并不想赚钱，忘我忘家，绝对无私。抗战时，他有一次病了。他的家人想买一只鸡给他吃，连这钱都没有。由此可见他人格的高尚。所以知道他的人，都敬佩他。

他生活非常简朴，常年穿着一套中山装，人长得很小，属于瘦有瘦劲一型。为了节省梳头的时间，他剃光头。张岳军先生有一次跟他开玩笑："你的跟班都比你穿得漂亮。"

他是个绝顶聪明的人。抗战期间，因为得跟美国人打交道，他跟我妻雅丽读英文，晚上有空时来读一点。半年之间，就能看英文报。那时，他大概五十岁左右，英语说得不算流利，但简单的可以应付。我现在已记不清究竟哪一年与他结交。我们在定县的时候（一九二九年至一九三六年），他已经对乡村改造发生兴趣，曾请了一位何姓的朋友来参观我们的工作。一九四〇年，我们在四川巴县歇马场创立"中国乡村建设学院"，他是学院的会计董事。

有二三件小事，我记得很清楚。四十年代，他到美国为他的公司捐款，我那时也在美国为乡村学院捐款。我对他说："作孚，外国人很注意衣冠。你这样不修边幅，恐怕会吃亏。"我带他去一家裁缝铺做西装；教他打领带。领带并不好打，一而再，再而三，他终于学会了。我又对他说："阁下这个头，外国人看，会以为来了一个和尚。”听我的劝告，他留起了头发，很用心地学梳头。

作孚对人的观察很敏锐。他知道，对怎样的人应说怎样的话。他不说闲话，言必有物。用字精当，从容不迫，有条有理，就像他做事样，很沉着，有组织，有思想。

他回国后，中国乡村学院请他去演讲。他说：“人都以为，在美国很享福，你们的院长在美国募捐，住一个小店。有一次我去看他，他正在洗袜子。捐款是天下最苦的事，其苦一言难尽。”这话是别人后来告诉我的。

我常说：“生我者父母，知我者作孚。”

1983年，民国乡建三杰的另一位人物梁漱溟也写下了长文《怀念卢作孚先生》，其中有这样一段话：

那时因抗日战争爆发，我撤退到大后方的四川。当时作孚先生与我所从事的活动虽不同，但地点均多在重庆，因此交往较多。在彼此交往中，更感到作孚先生人品极高。我常对人说：“此人再好不过！他心中完全没有自己，满腔里是为社会服务。这样的品格，这样的人，在社会上找不到。”作孚先生有过人的开创胆略，又有杰出的组织管理才能，这是人所共见。人们对他的了解多在此。但岂知作孚先生人品高尚更是极难得的呀！

1987年，梁漱溟为卢作孚写的《景仰故交卢作孚先生献词》中更是高度评价这位老友：

作孚先生胸怀高旷，公而忘私，为而不有，庶几乎可比于古之贤哲焉。

1996年，著名历史学家章开沅为《东方商旅丛书》所写的序言中，谈到卢作孚的时候说：

> 可惜这一代中国商人的精英分子，在1949年以后长期未能充分发挥其聪明才智。及至我们醒悟以后的改革开放，他们或者早已离开人间，或者迅即进入衰暮之年，人生的黄金时段一去不返。这不仅是他们个人或群体的重大损失，也是国家和社会的重大损失，只能说是时也，命也！但他们留下的业绩和风范都是永远值得后世尊重与传承的。

1998年，著名经济学家厉以宁在为《卢作孚文集》作的序言中写道：

> 多年以来，经济学界在经济发展的研究中，逐渐取得了大体上一致的看法，这就是：经济发展不仅要靠投资，靠技术，靠各种必需的物质资源，而且要靠一种精神，可以把这种精神称作创业精神或企业家精神。甚至可以认为创业精神比物质资产更加重要。
>
> …………
>
> 卢作孚先生正是这样一位有高度创业精神的企业家。

1999年3月中旬，《卢作孚文集》出版座谈会在人民大会堂四川厅举行，胡德平、王光英、经叔平等出席了座谈会。时任全国政协副主席的经叔平在座谈会上作了《发扬卢作孚先生爱国、敬业、无私的崇高精神》的讲话，高度赞扬了卢作孚的创业精神和以“民生精神”为中心的企业文化建设：

> 卢作孚先生是一位具有高度创业精神的企业家。他的创业精神根源于他对国家命运的关注和对国家经济落后问题的深刻认识。他的创业精神还来源于对国家和社会的责任感和改变落后面貌的强烈的愿望。他出身是贫苦的，靠刻苦自学，艰苦奋斗，不仅成为中国近代航运的巨子，还创办了煤矿、纺织等工矿企

业，还兴办了科学院、图书馆、学校、公园在内的广泛的科学文化事业。其中的磨难与艰险，原工商业者都有切肤之感。

卢作孚先生还是一位企业文化建设的实践家。他重视人的因素，重视员工在企业中的地位和作用，主张用人唯贤。他重视员工培训和智力的开发，反对把员工看成“经济人”，提出人是“社会人”的观点，同时他也重视员工的工资、福利，并把它作为发挥员工的积极性的基本条件，在民生公司中加以实施，逐步形成了以爱国主义、群体的观念，服务于社会，艰苦奋斗办企业为主要思想内容的企业文化，增强了员工的认同感、荣誉感和责任感。“民生公司”和“民生精神”被认为是中国最早出现的企业文化建设卓有成效的典范。

1989年，海内外民众捐资30万元，在重庆北碚公园（前身为卢作孚亲自设计修建的平民公园）火焰山顶修建了“作孚园”，1999年，卢作孚墓从重庆南岸的龙门浩迁至此处，与蒙淑仪女士骨灰合葬。

“作孚园”门口矗立石碑一块，上有著名历史学家周谷城书“北碚开拓者卢作孚”八个字，园中矗立有卢作孚雕塑一座。石壁上刻录着黄炎培、晏阳初、梁漱溟等先生对卢作孚的评价，其中，全文刻录了晏阳初1982年撰写的《敬怀至友卢作孚兄》一文。梁漱溟先生的评价，也醒目地镌刻在石壁上：“作孚先生胸怀高旷，公而忘私，为而不有，庶几乎可比于古之贤哲焉。”

滚滚嘉陵江水，巍巍缙云山，在北碚公园的火焰山上，如今卢作孚枕着嘉陵江的碧波长眠。这里很安静，这里的天空湛蓝，还有山下这条嘉陵江，很亲切，因为它是从家乡合川流淌过来的。

参考文献

[1] 凌耀伦、熊甫主编 . 卢作孚文集（增订本）[M]. 北京：北京大学出版社，2012.

[2] 梁漱溟 . 梁漱溟全集 [M]. 济南：山东人民出版社，1989.

[3] 宋恩荣主编 . 晏阳初全集 [M]. 长沙：湖南教育出版社，1989.

[4] 唐文光、李萱华等编 . 卢作孚文选 [M]. 重庆：西南师范大学出版社，1989.

[5] 守广著 . 卢作孚年谱长编 [M]. 北京：中国社会科学出版社，2014.

[6] 黄立人主编 . 卢作孚书信集 [M]. 成都：四川人民出版社，2003.

[7] 政协重庆市北碚区文史委编 . 抗日战争时期的北碚 [J]. 北培文史资料（第四辑），1992.

[8] 重庆市北碚区地方志编委会编 . 重庆市北碚区志 [M]. 重庆：科技文献出版社重庆分社，1989.

[9] 凌耀伦主编 . 民生公司史 [M]. 北京：人民交通出版社，1990.

[10] 卢国纪著 . 我的父亲卢作孚 [M]. 成都：四川人民出版社，2003.

[11] 清秋子著 . 中国人能做到：民国实业家卢作孚 [M]. 南京：凤凰出版社，2010.

[12] 赵晓铃著 . 卢作孚的选择 [M]. 广州：广东人民出版社，2010.

[13] 刘重来著 . 卢作孚画传 [M]. 北京：人民日报出版社，2014.

[14] 张鲁、张湛昀著 . 卢作孚 [M]. 南京：江苏人民出版社，2010.

[15] 杨光彦、刘重来主编 . 卢作孚与中国现代化研究 [M]. 重庆：西

南师范大学出版社，1995.

[16] 凌耀伦、周永林主编 . 卢作孚研究文集 [M]. 北京：北京大学出版社，2000.

[17] 罗传勖主编 . 重庆名人辞典 [M]. 成都：四川大学出版社，1992.

[18] 费孝通著 . 乡土中国 [M]. 上海：上海人民出版社，2013.

[19] 袁灿兴著 . 中国乡贤 [M]. 北京：新星出版社，2015.